Wolfgang Catharin

Wien 1. – 2. – 3.

Rundgänge zu christlichen und jüdischen Spuren

Buch-Vorderseite: Darstellung des Abendmahls als Seder-Mahl an der Fassade der Auferstehung-Christi-Kirche, Am Tabor 5 (siehe Seiten 108/109).

Impressum

Lektorat: Norbert Prohaska

Druck und Vertrieb im Auftrag des Autors: Buchschmiede von Dataform Media GmbH, Wien
www.buchschmiede.at – Folge deinem Buchgefühl!

Besuche uns online

ISBN: 978-3-99165-467-4 (Softcover)

PRINTED IN AUSTRIA

 Die Angaben erfolgen ohne Gewähr auf Richtigkeit und Vollständigkeit. Sie gehen vom Stand am 1. Jänner 2024 aus. Das gilt auch für die Gottesdienst- und Öffnungszeiten, die erfahrungsgemäß immer wieder adaptiert werden. Die Karten zu den Rundgängen sind bearbeitete Ausschnitte aus dem Geografischen Informationssystem (GIS) der Stadt Wien. Die Fotografien sind solche des Autors, außer jene, unter denen in eckigen Klammern die jeweiligen Bildrechte ausgewiesen sind.

Dieses Buch widme ich mit Dank meiner Frau Helga, die mich als erste auf den Rundgängen unterstützte, sowie unseren Kindern Caroline, Clemens und Cordula, denen ich auch einiges zeigen konnte.

Ich widme es überdies meinen vielen Gästen aus dem Freundeskreis sowie aus dem In- und dem Ausland. Sie haben mit ihrem Interesse sowie ihren Fragen und Anregungen zum Gelingen dieser Zusammenstellung beigetragen. Mein Dank gilt auch all denjenigen, die mir mit wertvollen Tipps geholfen haben.

Inhaltsverzeichnis

Vorwort

Wien durchstreifend kann man einem Thema folgen oder einfach nur offenen Auges durch die Stadt spazieren. Die Rundgänge, die ich vorstelle, verbinden beides.

Mein thematisches Hauptaugenmerk richtet sich auf die Spuren des **christlichen** und des **jüdischen** Lebens in Wien. Das sind viele aus der Vergangenheit, aber auch die aus unseren Tagen. Sowohl das Christentum als auch das Judentum gehen von den Büchern der hebräischen Bibel aus, dem Alten Testament für die Christen. Dennoch, das Verhältnis zwischen Christen und Juden war alles andere als friktionsfrei. Und so trifft man in Wien auf etliche Erinnerungen an die Wellen der Verfolgung der jüdischen Bevölkerung. Aber auch innerhalb der Christenheit gab es Verwerfungen und einiges Unverständnis. Die große Gemeinde Christi fächerte sich in mehrere Kirchen und Bewegungen mit eigenen Schwerpunkten auf. Wie es zu all diesen Ausrichtungen kam und was sie jeweils charakterisiert, das habe ich im II. Abschnitt in sehr geraffter Form und insoweit zusammenzufassen versucht, als dieser kurze Überblick helfen mag, die bei den Rundgängen auftauchenden Spuren besser zu verstehen und sie einordnen zu können.

Als erste fallen die vielen katholischen Gotteshäuser und Klöster ins Auge, wie sie das Bild der Stadt prägen. Es tauchen aber auch die Gebäude der evangelischen und der orthodoxen Kirchen sowie die von anderen christlichen Gemeinschaften auf. Und dazu kommen die vielen Hinweise auf das jüdische Leben in Wien. Sie alle sind äußere Zeichen, die den Weg weisen. Diese stelle ich mit einigen geschichtlichen Eckdaten und als Orte des **Glaubenslebens** von heute kurz vor.

Auf sie richtet sich der Fokus der Darstellung. In dieser sollen aber auch die Viertel der Stadt kurz beleuchtet werden, die entlang des Weges liegen. Meine Seitenblicke gelten also einigen Charakteristika der jeweiligen **Stadtviertel** mit ihren markanten Bauten, Plätzen und Lokalitäten sowie der einen oder anderen örtlichen Geschichte.

Im III. Abschnitt habe ich zwölf Vorschläge zu derartigen **Rundgängen** im **1., 2.** und **3. Bezirk** zusammengefasst.

Jeweils vorangestellt ist ein **Kartenausschnitt**, auf dem die empfohlene Route eingezeichnet ist. Die Route soll kein einengendes Korsett sein, sondern einen Leitfaden bieten. Der Anfangs- und der Endpunkt liegen jeweils bei einer Haltestelle des öffentlichen Verkehrs. Diese sind im Ausschnitt der Karte eingezeichnet, auf dem überdies mit kleinen Buchstaben auf jene **Abschnitte** hingewiesen wird, in welche die Beschreibung des Rundgangs untergliedert ist. Auf den jeweiligen Rundgang und den Textabschnitt verweisen auch die Nummer und der Buchstabe unter einem eingefügten Bild.

Die Wegstrecke ist jeweils in ein paar Stunden zu Fuß zu bewältigen, entweder zügig in einem, um den Überblick zu gewinnen, oder auch in Etappen bzw. abschnittsweise, etwa wenn man einen der **Gottesdienste** besuchen möchte. Deren Beginnzeiten sind ausgewiesen, und auch die **Zeiten**, zu denen die Kirchen tagsüber offenstehen. Wo dies nicht der Fall ist, empfiehlt es sich, sich an die Kanzlei bzw. das Sekretariat zu wenden. Unter den jüdischen Synagogen ist es der Stadttempel, in dem mehrmals in der Woche allgemeine Führungen für Gäste angeboten werden.

Jene, die mehr über das Thema der christlichen und der jüdischen Spuren lesen wollen, verweise ich auf einige einführende Werke im Rahmen der vielfältigen Fachliteratur. Sie sind im IV. Abschnitt verzeichnet.

Und alle Leserinnen und Leser möchte ich ermutigen, auf **Erkundungstour** zu gehen: Wer sucht, der findet!

Wien, im März 2024
Wolfgang Catharin

Kontaktadresse: wolfgang.catharin@outlook.com.

Zum christlichen und jüdischen Leben in Wien

1. Zur geschichtlichen Entwicklung

Im Bereich der heutigen Altstadt von Wien lag vom 1. bis zum 4. Jhd. n.Chr. das römische Militärlager von **Vindobona** samt seiner Lagervorstadt und der Zivilstadt. Zu Ende dieser Epoche gab es auch schon christliches Leben in unserem Raum. Er verödete in den folgenden Jahrhunderten, als die Völkerwanderung alle Spuren verwischte. Nach ihr kamen christliche Missionare aus dem Westen Europas wie aus Irland und dem angelsächsischen Raum sowie aus dem Gebiet des Fränkischen Reiches in das Gebiet des heutigen Österreich. Das Land an der Donau wurde dann von den Bistümern Passau und Salzburg aus nachhaltig **missioniert**, es wurden Kirchen und Pfarren gegründet. Die Mark, aus der Österreich hervorgehen sollte, wurde 996 als Ostarrichi urkundlich erwähnt. Bis zum 13. Jhd. regierten die Babenberger, die von Grafen zu Herzögen aufstiegen. Wien wurde zu ihrer Residenzstadt und mit Stadtmauern umgeben, und in der Stadt siedelten sich Klöster an.

Urkundlich überliefert ist auch eine erste jüdische Spur. Zu Ende des 12. wurde ein Jude namens Schlom nach Wien geholt, der als Münzmeister wirkte und im Bereich der heutigen Seitenstettengasse lebte. Ab dem 13. Jhd. entstand eine erste **jüdische Gemeinde**, die um den heutigen Judenplatz lag. Sie fand bei der Verfolgung von 1421 ein jähes Ende, als man die Juden umbrachte oder aus Wien vertrieb.

In der langen Zeitspanne vom 13. Jhd. bis zum Ersten Weltkrieg am Beginn des 20. Jhd. regierte das Haus Habsburg. Es war eng mit der Führung der Kirche verbunden. An ihrer Spitze stand und steht der Papst in Rom, und sie versteht sich als die **katholische** im Sinn einer allgemeinen Kirche.

Dennoch kam es schon früh zu Verzweigungen in der Christenheit. Eine große Zäsur für die europäische Entwicklung ereignete 1054, als die von Rom aus geführte Kirche und die Kirchen im Osten Europas getrennte Wege gingen. Das war damals in Wien noch kaum zu spüren. Es war erst die Bewegung der **Reformation** im 16. Jhd., die aus dem deutschen Raum auch nach Wien kam und einen großen Teil der Bevölkerung erfasste. Ausgegangen war die Reformation vom Augustinermönch Martin Luther, der 1517 in Wittenberg seine Thesen anschlug und Entwicklungen in der Kirche wie den Ablasshandel kritisierte. Demgegenüber wollte er sie zum Inhalt der Bibel zurückführen. Er wollte sie reformieren im Sinne von neu ausrichten. Das gelang aber nicht, sondern es kam zum Bruch mit der Führung in Rom. Dem folgten sogar kriegerische Auseinandersetzungen zwischen den Anhängern der katholischen und der protestantischen Seite in den Ländern des Reiches im Herzen Europas. In der Schweiz hatte sich noch ein zweiter Flügel der Reformation gebildet, der von Zwingli und Calvin ausging. Und ein dritter Flügel der Reformation, der der Täufer, wollte noch weiter reformieren als die anderen beiden und wurde brutal verfolgt.

Ab der ersten Hälfte des 17. Jhd. kam es zu einer Gegenbewegung in den Ländern der Habsburger, zu einer **Gegenreformation**. Die, die der Reformation gefolgt waren, sollten wieder katholisch gemacht werden. Und die Länder, die der katholischen oder der protestantischen Seite anhingen, prallten schließlich im Dreißigjährigen Krieg von 1618 bis 1648 abermals aufeinander.

Im 17. Jhd. hatten sich in Wien auch wieder einige Juden angesiedelt, rund um den Kienmarkt, auf dem Kienspäne verkauft wurden und der im Bereich der heutigen Judengasse und des Ruprechtsplatzes lag. 1624 wurde den Juden ein ummauertes Ghetto zugewiesen, eine **Judenstadt** am Unteren Werd, einer Insel der unregulierten Donau vor den Toren der Stadt. Die Judenstadt bestand bis 1670, bis man die jüdische Bevölkerung abermals vertrieb. Danach lebten nur noch wenige Juden in Wien, die als Hoffaktoren gebraucht wurden, als Lieferanten und Financiers für den kaiserlichen Hof.

Als in den habsburgischen Ländern die Vorherrschaft des katholischen Glaubens gegenüber dem Protestantismus wieder abgesichert erschien, sollte das im prunkvollen Stil des **Barocks** auch sichtbar zum Ausdruck gebracht werden. Er prägte das Bild der Stadt und ihrer vielen Kirchengebäude. Auch in der Regierungszeit von Maria Theresia im 18. Jhd. blieb es bei der Verbundenheit mit dem Katholizismus. Die Herrscherin setzte einige restriktive Maßnahmen gegenüber den Protestanten und gegenüber den Juden.

Einen Schwenk gab es erst unter ihrem Sohn und Nachfolger, Joseph II. Als Anhänger der Aufklärung reformierte er vieles. Er machte auch vor der Kirche nicht Halt und griff in die Strukturen der Diözesen und der Pfarren ein, und er löste die beschaulichen Orden sowie ihre Klöster auf. Anderen Glaubensgemeinschaften gewährte er Akte einer **Toleranz**, wenn auch unter einschränkenden Auflagen. Sie durften ihren Glauben nur im privaten Rahmen ausüben und ihre Bethäuser sollten im Stadtbild nicht auffallen. Diese Art von Toleranz wurde 1781 den Protestanten des lutherischen und des helvetischen Zweiges sowie den nichtunierten Griechen gewährt, d.h. den orthodoxen Christen byzantinischer Tradition. Und 1782 wurde die Toleranz auch den Juden zugestanden.

Schritte zu Reformen prägten auch den Beginn der Regierungszeit von Kaiser Franz Joseph I. um die Mitte des 19. Jhd. Er sah sich zu ihnen angesichts der Revolution im Inneren des Staates und der militärischen Niederlagen im Ausland gezwungen. Die Rechte der Kirche wurden in einem Konkordat abgesichert, d.h. in der Form eines staatlichen Vertrages mit der Kirchenführung in Rom. Die bis dahin bloß tolerierten Protestanten, die sich als Evangelische bezeichneten, erhielten die staatliche Anerkennung, ebenso wie die Orthodoxen und die jüdische Gemeinde. Die neuen staatlichen Bürgerrechte nach dem Staatsgrundgesetz von 1867 brachten schließlich die **Glaubensfreiheit** mit sich. Sie umfasst einerseits das individuelle Recht, den Glauben frei zu wählen, und andererseits das Recht der Kirchen und Religionsgesellschaften, ihren Glauben kollektiv auszuüben und die inneren Angelegenheiten selbst zu regeln.

Die **jüdische** Bevölkerung Wiens, die zu Beginn des 19. Jhd. ein Bethaus und dann die Synagoge in der Seitenstettengasse errichten durfte, erlebte im Verlauf dieses Jahrhunderts einen gewaltigen **Aufschwung**. Die neuen Bürgerrechte zur Gleichstellung und Freizügigkeit lösten Wellen der Einwanderung aus den östlichen Teilen der Monarchie aus, und der jüdische Bevölkerungsanteil in Wien stieg sukzessive bis auf einen Höchststand von etwa 10 %. Im öffentlichen Leben der Stadt traten Bürger und Bürgerinnen jüdischer Herkunft immer stärker in Erscheinung und prägten das wirtschaftliche und das kulturelle Leben in der Stadt mit, bis ins erste Drittel des 20. Jhd. hinein. Dazu sei nur auf eine lange Liste bekannter Namen verwiesen, die von A wie Adler bis Z wie Zuckerkandl reicht. Intern setzte sich die jüdische Bevölkerung aus mehreren Schichten zusammen, wobei die ärmeren und orthodoxen Ostjuden auf wohlhabende und liberalere Westjuden trafen. Der Staat war daran interessiert, dass sie alle in einer Kultusgemeinde zusammengefasst bleiben.

In der Zeit der **Ersten Republik** in den 1920er Jahren kam es zu einem Naheverhältnis zwischen der Katholischen Kirche und der von Prälat Ignaz Seipel geführten Christlichsozialen Partei. 1938, als diese Republik endete und die Nationalsozialisten an die Macht kamen, änderte sich Vieles. In der **NS-Zeit** wurden alle Kirchen in Österreich unterdrückt, und diese fügten sich mehr oder minder dem Druck. Es waren nur wenige Persönlichkeiten, die den Widerstand wagten und dabei ihr Leben riskierten. Generell und systematisch ausgelöscht wurde das jüdische Leben in der Stadt. Während zunächst beim Novemberpogrom in der Nacht vom 9. auf den 10. November 1938 die Synagogen zerstört worden waren, kulminierten die Verfolgungen der jüdischen Bevölkerung schließlich ab 1941 in einer systematischen Deportation und Ermordung im Holocaust.

Nach dem Ende des Regimes und des Zweiten Weltkriegs im Jahr 1945 kam es bald zu einer **Wiederherstellung**, nicht nur des Staates als Zweite Republik, sondern auch der Strukturen der christlichen Kirchen samt ihren Vereinen und Organisationen. Auch die zahlenmäßig geschrumpfte jüdische Gemeinde wurde wieder eingerichtet. Sie wird, nachdem die früheren Gemeinden bei den Verfolgungen von 1421, von 1670 und in der NS-Zeit aufgelöst wurden, als die Vierte Gemeinde verstanden.

Im Verlauf des 20. Jhd. fassten auch einige andere Glaubensgemeinschaften in Wien Fuß. Es handelte sich um nicht-christliche Konfessionen genauso wie um neue Gruppierungen innerhalb der Christenheit. Letztere lassen sich als freikirchliche Gemeinschaften zusammenfassen. Der Staat reagierte auf die Welle neuer Gruppierungen mit einer allgemein gefassten Regelung zur **Anerkennung** von Kirchen und Religionsgesellschaften. Ihr zufolge müssen neue Gruppierungen zunächst gewisse Schwellenwerte erreichen, für die Dauer des Bestandes, und für die Zahl ihrer Mitglieder (0,2 % der Bevölkerung). Mit einer Anerkennung verbunden sind die Stellung als Körperschaft öffentlichen Rechts sowie einige besondere Rechte. Zu ihnen gehört auch das zum Religionsunterricht an öffentlichen Schulen.

In Wien als einer Metropole mit vielen Einflüssen trifft man jedenfalls auf vielerlei Spuren. Es dominieren nach wie vor die katholischen Kirchengebäude und Einrichtungen, aber es gibt auch etliche andere. Sie sind ein offensichtlicher Hinweis darauf, dass sich die große Gemeinde Christi insgesamt heute in eine Mehrzahl von größeren und kleineren Kirchen, Gemeinschaften und Bewegungen untergliedert. Es ist auch offensichtlich, dass manche Gotteshäuser großzügig ausgebaut wurden, andere bescheiden ausgestattet sind, und dass einige Gottesdienste gut besucht werden, andere nur von wenigen. Wie viele Personen jeweils einer Glaubensgemeinschaft angehören, und wie viele auch am Glaubensleben teilnehmen, das ist weniger augenscheinlich. Zur ersteren Frage gibt es einige Daten über die Zahl der Mitglieder der Glaubensgemeinschaften. Die Mitgliedschaft zwar nicht mehr in der Amtlichen Statistik selbst miterfasst, die Statistik Austria gewann aber aus anderen Daten eine Übersicht, welche die Größenordnungen abschätzen lässt. Die Werte, wie viele Prozente der Bevölkerung den einzelnen Konfessionen zuzurechnen sind, wurden für das Jahr 2021 veröffentlicht. Demnach bildeten die Mitglieder der Katholischen Kirche österreichweit gesehen noch immer die klare Mehrheit. In Wien ging ihr Anteil aber auf etwa ein Drittel zurück. Weitere 11 % der Wiener Bevölkerung wurden den Orthodoxen Kirchen und etwa 4 % den beiden Evangelischen Kirchen zugeordnet. Für die muslimischen Glaubensgemeinschaften wurde ein Anteil von etwa 15 % ermittelt. Der Anteil für die kleineren Kirchen und Religionsgesellschaften betrug zusammenfassend etwa 2 %; zu ihnen gehören auch die Freikirchen und die Israelitische Religionsgesellschaft. Das restliche Drittel der Bevölkerung gilt als konfessionslos.

2. Zu den christlichen Kirchen in Wien

a Katholische Kirche und Altkatholische Kirche

Die große Katholische Kirche gilt in Österreich schon lange als staatlich anerkannt. Diese Anerkennung umfasst ihre einzelnen Riten, die sich jeweils als liturgische Besonderheiten herausgebildet hatten. Der in Österreich und in Wien überwiegend verbreitete Ritus ist der römische bzw. lateinische, weshalb oft die Katholische Kirche mit der Kirche nach **röm.-kath.** Ritus gleichgesetzt wird. Zur Katholischen Kirche gehören aber auch die zahlenmäßig kleineren Gruppierungen anderer Riten wie die der katholischen **Ostkirchen**. Von ihnen sind in Wien insb. die griechisch-katholische Kirche nach byzantinischem Ritus und die armenisch-katholischen Mechitaristen vertreten. Sie sind mit der Kirche nach dem röm.-kath. Ritus uniert und werden in der Wiener Erzdiözese in einem Ordinariat für die Ostkirchen betreut.

Die Katholische Kirche verfügt in Wien über den Sitz der Erzdiözese und über eine flächendeckende Organisation, die unter der bischöflichen Ebene in Dekanate und Pfarren gegliedert ist. In den vergangenen Jahren und angesichts des Priestermangels ging man auch dazu über, Pfarren zu einem Pfarrverband als Seelsorgeeinheit mit einem Pfarrer und mit einem gemeinsamen Team von Mitarbeiterinnen und Mitarbeitern zusammenzufassen. Einige Gemeinden wurden überdies speziell für die Mitglieder einzelner Sprachgruppen eingerichtet. Im Rahmen der Katholischen Kirche bestehen des Weiteren eine Reihe von Bewegungen, die in der Regel jeweils bestimmte Gruppen oder Aspekte des Glaubensleben betonen.

Zu den schulischen Einrichtungen, die von katholischer Seite gegründet wurden, gehören solche auf der Hochschulebene und etliche Privatschulen. Die katholischen Kindergärten werden im Wege der St. Nikolausstiftung betrieben. Es bestehen auch etliche soziale Einrichtungen und Organisationen. Die größte ist die Caritas, deren lateinischer Name für die „Nächstenliebe" steht und damit auch die Grundhaltung ausdrückt. Diese Organisation und die anderen sozialen

Einrichtungen wie auch die Arbeit in den Pfarren werden von vielen ehrenamtlich tätigen Personen mitgetragen.

Auf die Bauten der katholischen Pfarren, Klöster und Einrichtungen trifft man in allen Teilen Wiens. Sie sind ein Teil des kulturellen Erbes der Stadt, das die Kirche zu erhalten versucht. Die Gebäude stammen aus verschiedenen Epochen, und sie spannen stilistisch einen Bogen, der von der Romanik, der Gotik, der Renaissance, dem Barock, dem Klassizismus, dem Historismus und dem Jugendstil bis zur Moderne reicht.

Die Kirchen sind auf einen Patron bzw. eine Patronin oder auf ein Glaubensgeheimnis geweiht, und sie sind meist mit einer Fülle bildlicher Darstellungen ausgeschmückt, die die biblische Botschaft visuell vermitteln sollen. Der Innenraum, das Kirchenschiff, ist auf den Altar hin ausgerichtet, auf dem die Gottesdienste zumeist in der Form einer hl. Messe gefeiert werden. Eine solche beinhaltet das Sakrament der Eucharistie, des Abendmahls, bei dem Brot und Wein in den Leib und das Blut Christi gewandelt werden. In den alten Kirchen befindet sich der Hauptaltar an der Stirnseite und ist nach Osten hin ausgerichtet. Vor ihm wurde nach einer liturgischen Reform, die vom Zweiten Vatikanischen Konzil in den 1960er-Jahren ausging, ein Volksaltar in der Weise aufgestellt, dass der Priester bei der hl. Messe den Gläubigen zugewandt ist. Neben dem Altar befindet sich der Ambo, das Pult zur Verkündigung des Wortes.

Ein strukturelles Charakteristikum für die Katholischen Kirche ist es, dass sie neben dem Netz an Pfarren über etliche Niederlassungen von Ordensgemeinschaften bzw. Kongregationen verfügt. Viele von ihnen haben eigene Kirchen- und Klostergebäude in Wien, in denen ihre Mitglieder im Konvent zusammenleben, und einige Orden gründeten überdies konfessionelle Einrichtungen wie Schulen und Krankenhäuser. Angesichts der Probleme in vielen der Ordensgemeinschaften, heutzutage ihren Personalstand aufrecht zu erhalten, ist der Betrieb etlicher dieser Einrichtungen mittlerweile ausgelagert worden. Sie werden von Trägerorganisationen betrieben.

Von der Katholischen Kirche getrennt hat sich in den 1870er-Jahren die **Altkatholische Kirche**. Den Anlass bildete die Verkündung des Primates des Papstes und die Lehre von seiner Unfehlbarkeit in den grundlegenden Glaubensfragen, welche die Altkatholiken nicht teilten. Ansonsten hat die Altkatholische Kirche aber die meisten katholischen Lehrinhalte beibehalten.

Der organisatorische Aufbau der Altkatholischen Kirche unterscheidet sich dadurch, dass sie sich in unabhängige örtliche Gemeinden gliedert, die eine Landeskirche bilden, und alle Ämter stehen Männern und Frauen offen. Die Altkatholische Kirche ist in Österreich als eigene Kirche staatlich anerkannt. Auf europäischer Ebene sind die altkatholischen Kirchen in der Utrechter Union verbunden.

b Orthodoxe und altorientalische Kirchen

Die **Orthodoxen** Kirchen, die sich als Landeskirchen im Südosten und Osten Europas herausbildeten, gehen auf die Trennung innerhalb der Weltkirche im Jahr 1054 zurück. Im Lauf der Jahrhunderte siedelten sich auch in Wien orthodoxe Gläubige aus diesen Ländern an. Zunächst wurden sie als Griechisch-Unierte von der Toleranz von 1781 erfasst, und in der Folge erhielten sie die staatliche Anerkennung als **Griechisch**-orientalische Kirche. Die Anerkennung umfasst aber auch die Gemeinden der **Rumänisch**-orthodoxen, der **Russisch**-orthodoxen, der **Serbisch**-orthodoxen, der **Bulgarisch**-orthodoxen und der **Antiochenisch**-orthodoxen Kirche. Sie bilden eine Kirchengemeinschaft und sind durch die Orthodoxe Bischofskonferenz als einer Art beratenden Klammer verbunden. Auch von Seiten der Orthodoxen gibt es in Wien einige schulische Einrichtungen, welche auch die Traditionen aus dem jeweiligen Herkunftsland vermitteln.

In der Sprache und nach der Liturgie aus diesem Land wird auch der orthodoxe Gottesdienst gefeiert, samt der Eucharistie. Begleitet wird die hl. Liturgie von Sprech- und Chorgesängen, die helfen sollen, die Gegenwart Gottes im Wege einer mystischen Frömmigkeit zu erleben.

Ähnlich wie die katholischen Kirchengebäude sind auch die orthodoxen reich bebildert. Auf Wandmalereien und auf Ikonen werden Christus und Heilige sowie biblische Szenen veranschaulicht. Der Altarraum ist durch eine Ikonostase (Bilderwand) vom Raum für die Gläubigen abgegrenzt. Sie blicken während der hl. Liturgie durch die Ikonostase hindurch zum Altar, sodass sie wie über eine optische Brücke am Geschehen teilnehmen. Die meisten Gläubigen stehen während des Gottesdienstes. Sitzplätze sind meist nur entlang der Wände vorgesehen.

Über die orthodoxen Kirchen aus den südosteuropäischen Staaten hinaus sind einige Kirchen aus Staaten des Nahen und Mittleren Ostens anerkannt und in Wien vertreten. Sie werden als orientalisch-orthodoxe bzw. **altorientalische** Kirchen zusammengefasst. Die Wurzeln der altorientalischen Kirchen reichen bis in die christliche Frühzeit zurück, sie gelten als von den Aposteln gegründete Urkirchen. Nach dem Konzil von Chalcedon 451 trennten sie sich von der Führung der Kirche in Rom. In Wien vertreten sind die **Armenisch**-apostolische

Kirche, die **Syrisch**-orthodoxe Kirche und die in Ägypten beheimatete **Koptisch**-orthodoxe Kirche.

c Evangelische Kirchen

In Österreich sind sowohl die lutherische **Evangelische Kirche A.B.** als auch die aus dem helvetischen Zweig, den Reformierten, hervorgegangene **Evangelische Kirche H.B.** anerkannt, sowie auch deren Zusammenschluss als Evangelische Kirche für beide Bekenntnisse. Die meisten Gemeinden in Wien sind solche der Evangelischen Kirche A.B. In ihr sind mehrere Pfarrgemeinden zu einer Superintendenz mit einer Synode zusammengefasst. Die Vertretung nach außen obliegt einem Bischof bzw. einer Bischöfin, die von einem Oberkirchenrat unterstützt wird.

Die sozialen Aufgaben werden im Rahmen der Diakonie wahrgenommen, deren griechische Bezeichnung auf den Dienst an den Nächsten hinweist. Die Diakonie ist wie die katholische Caritas eine der großen Hilfsorganisationen des Landes. Von evangelischer Seite werden auch Krankenhäuser und etliche Bildungseinrichtungen in Wien betrieben. Deren Bogen reicht von der Hochschulgemeinde über evangelische Schulen verschiedener Stufen und Typen bis zu den Einrichtungen zur Betreuung von Kindern. Ihre Betreiberorganisation ist die Diakonie Bildung.

Die evangelischen Gotteshäuser erhalten eine Widmung in Gestalt eines biblischen Grundsatzes oder einer biblischen Person. Die Widmung spiegelt sich in der Regel auch im Namen der Kirche. Die Kirchenbauten unterscheiden sich von denen der Katholischen Kirche nicht so sehr vom Baustil her, sondern eher bei der Ausgestaltung. Ihre zentralen Elemente sind das Pult zur Verkündung des Wortes Gottes und der Tisch für das Abendmahl. Von den Evangelischen wird es als ein Mahl (ohne Wandlung) gefeiert, das an das Opfer Christi erinnert. Das sichtbare Zeichen im Kirchengebäude ist meist ein schlichtes Kreuz. Bildnisse zu biblischen Themen werden in der Evangelischen Kirche H.B. vermieden. In der Evangelischen Kirche A.B. kommen sie vereinzelt vor und werden als Hilfsmittel zur Veranschaulichung eingesetzt.

d Freikirchen

Die als Freikirchen zusammengefassten Gruppierungen gehen in ihrer Glaubenslehre überwiegend vom protestantischen Grundsatz aus, dass es auf das und nur auf das in der Bibel niedergeschriebene Wort Gottes ankommt. Sie wollen frei sein vom staatlichen Einfluss und betonen die Trennung von Kirche und Staat. Von den Volkskirchen, die Kleinkinder taufen, unterscheiden sie sich auch dadurch, dass ihre Mitglieder erst als mündige Personen getauft werden, so wie das einst auch die Täufer praktizierten. Die neuzeitlichen Freikirchen sind im 19. und 20. Jhd. gegründet worden. Unter ihnen gibt es einige, die auch das Wirken des hl. Geistes und seiner Gaben hervorstreichen und als charismatisch bezeichnet werden. Einige der Freikirchen verfügen über eigene Gotteshäuser in Wien, die anderen feiern ihre Gottesdienste in Versammlungsräumen, die mit einer Bild- und Tonanlage ausgestattet sind. Auch von freikirchlicher Seite werden Schulen und Kindergärten betrieben und soziale Aufgaben wahrgenommen.

Die freikirchlichen Gemeinschaften setzen sich aus selbstständigen Gemeinden zusammen. Fünf Gruppen bzw. Bünde von Gemeinden, nämlich die der Baptisten, der Evangelikalen, der Elaia-Gemeinden, der Freien Christengemeinde-Pfingstgemeinde und der Mennoniten erreichten 2013 gemeinsam die staatliche Anerkennung als Freikirchen in Österreich. Neben ihnen sind weitere Gemeinschaften einzeln als Kirchen anerkannt worden, wie insb. die Evangelisch-methodistische Kirche und die Neuapostolische Kirche. Als Kirchen anerkannt sind auch die als Mormonen geläufige Kirche Jesu Christi der Heiligen der Letzten Tage und die Zeugen Jehovas, die von den Lehrinhalten her aber eine Sonderstellung einnehmen.

Über die freikirchlichen Gemeinschaften hinaus, die als Kirchen anerkannt sind, gibt es auch einige, die als religiöse Bekenntnisgemeinschaften registriert sind, und überdies eine Reihe kleinerer Gruppierungen und Bewegungen, die ihre Wurzeln meist im Ausland haben bzw. auch Zweige internationaler Bewegungen sind.

3. Zur jüdischen Gemeinde in Wien

Die Wiener jüdische Gemeinde verfügt über die Israelitische Kultusgemeinde (IKG) als gemeinsame Klammer. Intern umfasst sie eine Reihe verschiedener Ausrichtungen und Traditionen. Deren Bandbreite reicht von ultraorthodoxen und chassidischen (mystisch-religiösen) bis zu zionistischen, reformorientierten und liberalen Gruppierungen. Die IKG vertritt aber auch die säkulären (nur weltlich eingestellten) Mitglieder jüdischer Herkunft. Geleitet wird die IKG von einem Präsidenten und einem Kultusvorstand, der aus mehreren Listen gewählt wird. Für die Glaubensangelegenheiten ist das Rabbinat zuständig.

Die Zahl der registrierten Mitglieder wird heutzutage mit etwa 8000 angegeben, die Zahl der jüdischen Einwohner Wiens ist aber um einige Tausend größer. Dennoch, der jüdische Anteil an der Bevölkerung ist weitaus kleiner, als er es in der Zeit vor 1938 war.

In dem Jahr wurden mit Ausnahme des Stadttempels alle Synagogen und Bethäuser zerstört. An ihren Standorten ließ die IKG 1988 im Rahmen eines Gedenkprojekts jeweils ein Lichtzeichen auf einer Stele anbringen, einen abendlich erleuchteten und geschwungenen Davidstern. Die Gebäude, in denen die Synagogen und Bethäuser unserer Zeit zu finden sind, fallen hingegen kaum auf. Sie sind im Verband von Wohnhäusern eingerichtet und in der Regel nicht allgemein zugänglich. Meist erkennt man sie nur an der Kabine für das Sicherheitspersonal vor dem Eingang.

Die jüdische Gemeinde Wiens verfügt heute auch wieder über soziale Einrichtungen und Vereine sowie über eigene Schulen der Grundstufe und weiterführende Schulen. Als große und moderne Schulzentren entstanden der Lauder-Chabad-Campus im Augarten und der Bildungscampus der IKG mit der Zwi-Perez-Chajes-Schule im Pratergelände. In Wien wurde auch ein Jüdisches Museum mit zwei Standorten eingerichtet, dem ersten im Palais Eskeles in der Dorotheergasse und dem zweiten im Misrachi-Haus am Judenplatz.

Rundgänge im 1., 2. und 3. Bezirk

1. Zu alten Spuren im Stadtkern

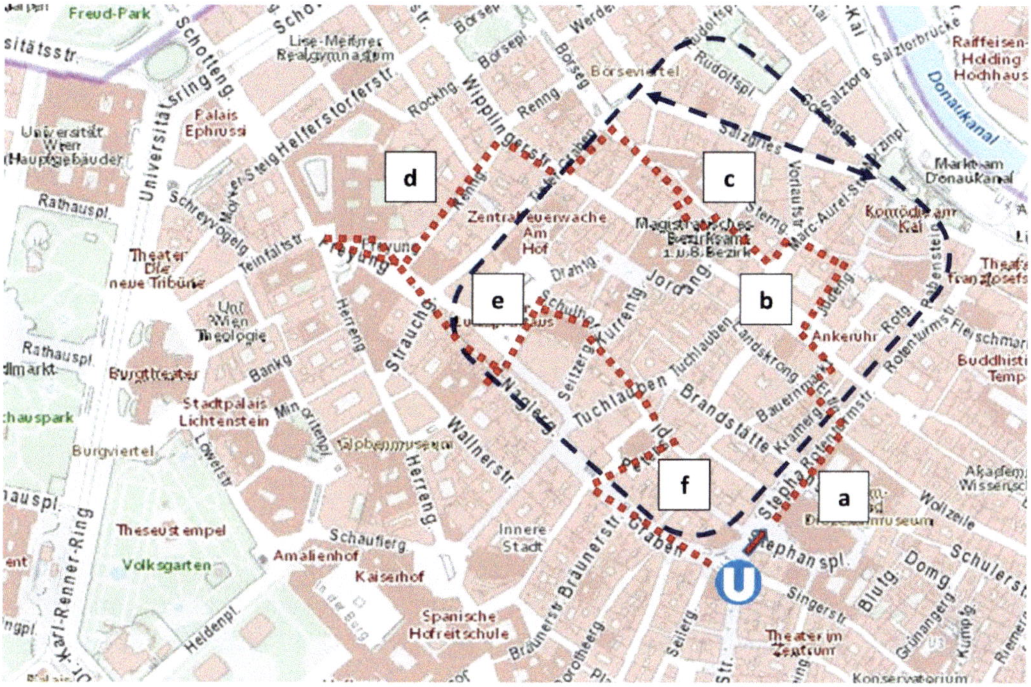

Rundgang 1. [Stadt Wien – ViennaGIS, bearb.]

Der erste Rundgang gilt den ältesten Spuren im Kernbereich der Inneren Stadt. Das sind einzelne Hinweise auf die Zeit des römischen Militärlagers Vindobona und seiner Vorstadt. Damals dürften die ersten Christen in dem Raum gelebt haben. Der Umriss des Lagers, das vom 1. bis zum 4. Jhd. n.Chr. auf der Wiener Stadtterrasse und am westlichen Rand der Flusslandschaft der unregulierten Donau stand, ist auf dem Kartenausschnitt blau-strichliert eingezeichnet. Im Bereich der Überreste des Lagers entwickelte sich die Stadt, die für das 9. Jhd. erstmals und unter dem Namen Wenia urkundlich bezeugt ist. In dieser Zeit dürften auch die ersten Kirchen erbaut worden sein. Bis in das 12. Jhd. zurückverfolgt werden können die Spuren der ältesten noch bestehenden Bauwerke, die der Peterskirche, der Ruprechtskirche, der Stephanskirche und von Maria am Gestade. In dem Jahrhundert gelang es auch, den Mauerring um die Stadt zu erweitern, indem eine Ringmauer aus den Mittel des Lösegeldes für Richard Löwenherz erbaut wurde. Sie wurde später zu den mächtigen Stadtbefestigungen ausgebaut und umfing die Stadt bis ins 19. Jhd. hinein. Die

Mauern engten sie aber auch für Jahrhunderte ein. 1860 war es so weit, dass dieses Korsett fiel und die Mauern geschleift wurden. Die Stadt konnte über sich hinauswachsen, der Boulevard der Ringstraße wurde angelegt, und die alte Stadt erweiterte sich um die Vorstädte.

Heute wohnen in der Inneren Stadt nur mehr etwa 16.000 Menschen. Sie bietet aber mehr als 100.000 ihren Arbeitsplatz. Seit 1978 wird sie von der U-Bahn erschlossen, und bei ihrer zentralen Station am Stephansplatz soll auch der erste Rundgang beginnen.

a Zum Stephansdom

Im ersten Untergeschoß der Station, aus dem die Menschen an die Oberfläche strömen, sollte man erst einmal neben dem Kiosk der Wiener Linien innehalten. An der Stelle stößt man auf die gläserne Wand einer Außenstelle des Wien Museums. Von ihr aus kann man einen kurzen Blick in die Tiefe erhaschen, in der die Reste der **Virgilkapelle** mit ihren frühgotischen Bögen und ihren aufgemalten Radkreuzen zu erkennen sind. Diese Kapelle geht auf das 13. Jhd. zurück und lag damals bereits unter der Erde. Unter ihr blieb sie lange verborgen, ehe sie im Zuge des U-Bahnbaus wieder auftauchte.

An der Oberfläche des Stephansplatzes ragt hingegen der **Stephansdom** mit seiner Westfassade in die Höhe. Der Kirchenpatron ist der hl. Stephanus, der Diakon der Urgemeinde, der als der erste Märtyrer gilt und dessen Steinigung an mehreren Stellen des Domes dargestellt ist. Das erste Kirchengebäude von St. Stephan war im Mittelalter zur Zeit der Romanik erbaut worden, wurde 1147 durch den Bischof von Passau eingeweiht und im 13. Jhd. erneuert. Die heutige Gestalt geht aber vor allem auf die meisterhaften gotischen Erweiterungen um den Albertinischen Chor und das Langhaus im 14. und im 15. Jhd. zurück. Der 136 m hohe Südturm wuchs zu einem Wiener Wahrzeichen empor, das als der Steffl geläufig ist, wogegen der Nordturm seine geplante Höhe nicht erreichte. 1469 wurde St. Stephan zur Bischofskirche, und seit 1723 ist sie erzbischöflicher Dom. Die Ausstattung des Gotteshauses wurde auch in den folgenden Jahrhunderten immer wieder ergänzt, wie mit den Grabdenkmälern aus der Zeit der Renaissance, mit den Altären im Stil des Barock, oder auch mit den Zeichen des Gedenkens aus der jüngeren Vergangenheit. Zu Ende des Zweiten Weltkrieges stand der Dom plötzlich in Flammen. Sie waren von den Nachbarhäusern auf seinen riesigen hölzernen Dachstuhl übergesprungen. Der brannte ab und ließ die große Glocke, die Pummerin, aus dem Südturm herab in die Tiefe stürzen, wo sie zerbarst. Die Schäden konnten in der Nachkriegszeit behoben werden. Den alten Dachstuhl ersetzte eine Stahlkonstruktion, und 1952 zog die neue Pummerin ein, die im Nordturm aufgehängt wurde.

Heute zieht es die Menschen scharenweise in den Dom. Sie betreten ihn durch den Haupteingang, durch das Riesentor in der Westfassade, das die Eintretenden trichterförmig ansaugt. Einige kommen, um die Gottesdienste zu besuchen, andere kommen auf ein Gebet vorbei. Und viele sind Gäste, die den Dom bestaunen wollen. Sie haben für die Besichtigung einiger Teile eine Eintrittsgebühr zu bezahlen, und es werden auch laufend Führungen angeboten. Der Vorraum beim Haupteingang und ein Teil des nördlichen Seitenschiffs sind aber in der Regel allgemein und frei zugänglich und bieten sich für einen Kurzbesuch an, bei dem einige Spuren aus der Frühzeit zu entdecken sind.

1.a: Stephansdom, Riesentor mit Judenhut und Prophet an der Westempore

Bereits am **Riesentor**, einem der erhalten gebliebenen Teile der romanischen Kirche, sollte man den Blick schärfen. Unter dem linken Torbogen, bei dem zeitweise Karten verkauft werden, trifft ein suchender Blick auf die dunklen Steinquader in der Mauer auf einen in Augenhöhe, an dem eingravierte Schriftzeichen zu erkennen sind. Sie verlaufen in senkrechter Richtung und wurden als die Inschrift eines römischen Grabsteins entschlüsselt, den man offenbar verdreht einfügte. Er geriet zu einem stummen Zeugen dafür, dass in der Anfangszeit der Stephanskirche, die damals noch knapp außerhalb der Stadtmauer lag, auch Überreste aus der Römerzeit zur Wiederverwertung kamen. Verwunderlich mutet am Riesentor auch eine Steinmetzarbeit an, die am steinernen Fries über den Säulenkapitellen an der linken Seite des Portals zu finden ist. Auf diesem Fries reihen sich allerlei tierische und dämonische Wesen aneinander. Sie alle sollten vom Dom ferngehalten werden. Und zwischen all diesen Wesen steckt auch ein kleiner menschlicher Kopf mit einem spitzen Hut. Einen solchen hatten die Juden nach den mittelalterlichen Kleidervorschriften zu tragen, um von den Christen unterscheidbar zu sein.

1.a: Festgottesdienst im Stephansdom [Erzdiözese Wien/Stephan Schönlaub]

Wenn man durch das Riesentor eintritt und in den Vorraum unter der **Westempore** kommt, zieht es den Blick erst einmal durch das Langhaus bis zum Hochaltar. Das wird auf beiden Seiten von einer Reihe von Pfeilern gesäumt, die mit Skulpturen aus der Zeit der Gotik bestückt sind. Sie bilden ein Spalier von Heiligen, die zum Altar geleiten, also dem Symbol für das Erlösungswerk Christi. Und am Beginn dieses Spaliers versinnbildlichen einige die biblischen Wurzeln, die in das Alte Testament zurückreichen. So flankiert Moses mit der großen steinernen Tafel mit den Zehn Geboten den ersten Hauptpfeiler des rechten Seitenschiffs, und an der Mauer der Empore findet man links und rechts unter der Orgel Propheten aus dem Alten Testament. Sie haben ein Buch bzw. eine Schriftrolle in der einen Hand und erheben die andere zum Segen. Um wen es sich handelt, steht nicht fest, möglicherweise sind es Jeremia und Jeseja. Letzterer ist jedenfalls an der nordseitigen Mauer links über dem Eingang in den Domshop zu identifizieren. Der Prophet ist dort mitsamt seinem in Latein zitierten Ausspruch aus dem Buch Jesaja dargestellt, der Jahrhunderte vor Christus auf ihn hinwies: „Siehe, die Jungfrau wird schwanger werden und einen Sohn gebären und wird ihm den Namen Immanuel geben“.

1.a: Stephansdom, Maria-Pötsch-Altar und die Warnung vor den Tatermännern

Im Vorraum des Domes begegnet man auch den Gläubigen unserer Tage. Einige knieen vor dem Maria-Pötsch-Altar an der Südseite. Andere suchen das stille Gebet in der Eligiuskapelle, die sich hinter der Türe in der Südwestecke verbirgt. Und jene, die für ihr Anliegen beten lassen wollen, finden ein aufgestelltes Pult vor, das als „Fürbittbox“ ausgewiesen ist. Dort können die Gläubigen ihre Anliegen aufschreiben, damit sie die Pfarrgemeinde in die Gebete miteinschließt.

An der Nordseite, an der sich der Domshop unter das gotische **Bischofstor** einnistete, sind wieder einige Zeichen aus der Frühzeit zu entdecken. Ein erstes findet man gleich hinter dem rechten Flügel der geöffneten Türe. Es ist ein Stein in Augenhöhe, der in der Mitte eine abgegriffene helle Stelle hat und als Kolomanistein bekannt ist. Dieser erinnert an eine Begebenheit des Jahres 1012, als der aus Irland kommende Koloman, der nach Jerusalem wollte, bis nach Stockerau kam. Dort ereilte ihn der Argwohn der Bevölkerung, man hielt ihn für einen Spion. Obwohl er sich auf den Schutz als Pilger berief, wurde der Fremdling gefoltert und getötet. Sein Leichnam soll aber auf wundersame Weise nicht verwest sein, und den Stein, über den das Blut von Koloman geflossen war, ließ Herzog Rudolf IV. in St. Stephan einmauern.

Eine weitere Spur findet man über dem Sortiment des Verkaufsladens an der Außenmauer. Sie weist eine leere vergitterte Nische auf, in der einst drei kleine steinerne Götzenfiguren aus der Römerzeit standen. Die in den Stein eingravierten Lettern über ihnen warnen davor, es den Heiden gleichzutun, denn sie „beteten an die Tatermann“. Der Volksmund versuchte diese Geister zu verniedlichen und titulierte sie als Luziferl, Spirifankerl und Spiriginkerl. Ihre Figuren sind aus der Nische längst entfernt worden, die Warnung vor der Götzenverehrung bleibt aber in Stein gemeißelt.

Wenn man vom Bischofstor aus weiter der Nordmauer folgt und am Aufgang zur Pummerin vorbeigeht, erreicht man das östliche Querschiff. In ihm umfängt ein Gitter den Abgang in die Katakomben, und nebenan findet man die Türe zur **Barbarakapelle**. Sie ist der frühchristlichen Heiligen gewidmet, die trotz großer Bedrängnis an ihrem Glauben festhielt und als Märtyrerin starb. Ihre Kapelle im Dom ist ein Ort der Stille und des Gebets, und ein Ort des Gedenkens. Neben dem Eingang hängt ein Bild von Edith Stein, einer Ordensschwester jüdischer Herkunft, die ermordet wurde. Den zahlreichen Opfern des Holocaust gelten die Zeichen, die in das große gotische Holzkreuz an der Stirnseite der Kapelle eingefügt wurden. Das erste ist eine dreieckige Kapsel mit Asche aus dem KZ von Ausschwitz, die Papst Johannes Paul II. bei seinem Wien-Besuch 1983 mitbrachte, und das andere ist eine kleine Urne mit Erde aus dem KZ Mauthausen und einigen Nummern von Häftlingen. Seit 2009 ist an der Seitenwand überdies eine von Alfred Hrdlicka gestaltete Porträtbüste für die Ordensschwester Maria Restituta angebracht. Sie wuchs in der Brigittenau auf, wurde Ordensschwester und Pflegerin, und sie war eine der wenigen, die es wagten, dem NS-Regime Widerstand zu leisten. Das bezahlte sie mit ihrem Leben, sie wurde enthauptet.

→ Tägl. mehrere Gottesdienste im Stephansdom. Besichtigungszeiten So 13.00 - 16.30; Mo bis Sa 9.00 - 11.30, 13.00 - 16.30. Öffnungszeiten So 7.00 - 22.00; Mo bis Sa 6.00 - 22.00.

b Über den Hohen Markt zur Theodor-Herzl-Stiege

Aus dem Dom kommend erreicht man nordwärts die Rotenturmstraße. An ihrer Ecke vor dem Erzbischöflichen Palais warten die Fiaker und ihre Pferde auf Gäste, und bei der Nr. 11 zweigt die Ertlgasse ab. Sie ähnelt zunächst einer kleinen italienischen Piazza und verengt sich an der Ecke zur Kramergasse. An dieser Stelle erinnert der Feinkostladen „Porta Dextra“ an die Porta Principalis Dextra, das ostseitige Tor des Lagers von Vindobona. Wer das Geschäft und seine reichhaltige Vinothek im Keller besucht, findet im zweiten Kellergeschoß auch Steine im Gemäuer, die diese römische Vergangenheit bezeugen. Und im ersten Kellergeschoß verweist eine schlanke weiße Säule auf ein Ereignis aus dem 17. Jhd. Sie ist eine der Stützen in den unterirdischen Gewölben am Weg zu St. Stephan, die für den Schwertransport der Pummerin eingebaut wurden. Diese erste Riesenglocke war aus Kanonenkugeln gegossen worden, die man vom osmanischen Heer erbeutete, und sie wurde durch das Rotenturmtor in die Stadt gebracht.

1a. Stephansdom: Kolomanistein

1.b. Hoher Markt, Ankeruhr, Marc Aurel

Aus der Ertlgasse und über den Bauernmarkt zum Hohen Markt kommend erblickt man die **Ankeruhr**. Sie ist ein dekoratives Kunstwerk aus der Epoche des Jugendstils und ziert den Bogen am Hohen Markt 10-11. Zur Mittagsstunde bietet sie das Schauspiel eines Streifzugs durch die Wiener Geschichte. Es zieht eine Reihe von Figuren aus den einzelnen Epochen vorüber, begleitet von einer Melodie aus der Zeit. Die erste der Figuren ist die für den römischen Kaiser Marc Aurel, der zum einstigen Zentrum des Lagers hinüberzublicken scheint, über dem das Römermuseum am Hohen Markt 3 errichtet wurde. Und als sechste Figur taucht die des Hans Puchsbaum auf, eines Baumeisters von St. Stephan zur Zeit der gotischen Erweiterungen im 15. Jhd. Um seine Person rankt sich die Sagengeschichte, wonach er bei der Arbeit am Nordturm einen Pakt mit dem Teufel eingegangen sein soll und letztlich vom Gerüst stürzte und umkam. Faktum ist, dass man die Arbeiten an dem Turm im 16. Jhd. einstellte und dass er unvollendet blieb.

Über die Judengasse erreicht man die Sterngasse. In dem Bereich, in dem abends die Nachtschwärmer unterwegs sind, zieht untertags ein Buchladen, der den Namen Shakespeares trägt, die anglophilen Leseratten an. Gegenüber, in der Sterngasse 3, liegt der Wiener Neustädter-Hof. Neben seinem Portal hängt ein großer Steinbrocken, der bei der Belagerung von 1683 auf die Stadt geschleudert worden war. Die Sterngasse verengt sich dann zu einer Stiege, die nach **Theodor Herzl** benannt wurde. Damit erinnert sie an den Journalisten und Schriftsteller, der 1896 in Wien sein Werk „Der Judenstaat“ veröffentlichte. Laut Herzl steckte die jüdische Bevölkerung damals gleichsam zwischen zwei Mühlsteinen, dem anschwellenden Nationalismus einerseits und dem aufkommenden Antisemitismus andererseits, der sich gegen die Juden als Volk richtet. Den Ausweg sahen Herzl und die Bewegung des Zionismus darin, einen eigenen Staat der Juden anzustreben. Diese Idee stieß zunächst auch in jüdischen Kreisen auf kritische Stimmen, und es mussten einige Hürden auf der internationalen Ebene überwunden werden, bis der Gedanke in die Realität umgesetzt werden konnte. 1948 legten die Vereinten Nationen schließlich einen Teilungsplan für Palästina vor. Auch er blieb umstritten, führte aber doch zur Gründung des Staates Israel.

Am Fuße der Stiege kommt man an Steinblöcken vorbei, die noch größer sind als der in der Sterngasse 3. Diese dunklen Blöcke sind wie Bausteine aufgetürmt und bilden die Überreste der Badeanlage von Vindobona. Zu dessen Zeit hielt sich im 2. Jhd. der römische Kaiser Marc Aurel an der Donau auf und leitete die Kämpfe gegen die anstürmenden Völker. An ihn erinnert die Statue, die an der Ecke zur Marc-Aurel-Straße auf die nach ihm benannte Straße herabblickt.

c Zur Salvatorkirche und zu Maria am Gestade

In der Salvatorgasse erreicht man bei der Nr. 5 das Alte Rathaus mit der **Salvatorkirche**. Dieses Rathaus war der Sitz der Stadtverwaltung, bevor sie im 19. Jhd. in das große neugotische Gebäude an der Ringstraße übersiedelte. Im Gefüge des Gebäudes in der Salvatorgasse steckt auch das kleine Gotteshaus mit einem Renaissance-Portal, das im 13. Jhd. als die Hauskapelle einer Wiener Bürgerfamilie eingerichtet worden war. Das Haus kam in der Folge in den Besitz der Stadt Wien, und die Kapelle wurde im 16. Jhd. erweitert sowie auf St. Salvator, den Erlöser, und auf Maria geweiht. Die beiden sind im Bogenfeld des Portals dargestellt worden.

1871 überließ die Stadt das Gotteshaus der neuen Wiener Gemeinde der Altkatholischen Kirche, die sich damals von der Katholischen Kirche getrennt hatte. Den Seiteneingang in die Salvatorkirche, in der die altkatholische Gemeinde ihre Sonntagsgottesdienste feiert, erreicht man vom kleinen Innenhof aus, neben dem Pfarrsekretariat. In der Kirche sind es die barocken Gemälde, die Christus den Erlöser darstellen. Er ist am Hauptaltar als der Gekreuzigte zu sehen, und im südlichen Seitenschiff als der Auferstandene, wie er die Welt in Händen hält.

→ Gottesdienste So 10.00.

Den großen Hof ziert der hübsche Andromeda-Brunnen, den Raffael Donner schuf. In dem Hof hatte auch das Dokumentationsarchiv des österreichischen Widerstandes seinen ersten Standort gefunden. Durch einen weiteren Innenhof an der Westseite kommt man zum Bezirksmuseum für die Innere Stadt, in dem viele alte Ansichten aus der Geschichte der Stadt gezeigt werden, und weiter in die kleine Gasse **Stoß im Himmel**. Ihr ungewöhnlicher Name rührt wie der des Hauses auf Nr. 3 vom Namen seines einstigen Eigentümers her. Der Gassenname ist auch mit einer Legende verknüpft worden, der zufolge ein hochmütiges Mädchen durch einen Stoß der hl. Barbara, deren Bild sie bei sich trug, im letzten Moment vor dem Zugriff des Teufels gerettet worden sein soll. Am Portal des Hauses selbst prangt ein Relief mit dem Christusmonogramm. Das verweist auf die Zeit der Gegenreformation im 17. Jhd., als in dem Haus der katholische Frauenorden der Congregatio Jesu die erste öffentliche Schule für Mädchen in Wien eröffnete. Im 18. Jhd. war dort eine Real-Handlungsakademie untergebracht, die die Vorläuferin für einige berufsbildende Schulen war.

Bei der Salvatorgasse 12 trifft man auf den Passauer Hof, an den sich die **Kirche Maria am Gestade** anfügt. Die befand sich lange Zeit in der Obhut des Bistums Passau, ehe sie in den Staatsbesitz gelangte und zu verkommen drohte. Ihre Wiederbelebung war einer kirchlichen Erneuerungsbewegung zu Beginn des 19. Jhd. zu verdanken, an deren Spitze der Prediger Klemens Maria Hofbauer auftrat. Er stammte aus Znaim und gehörte dem Orden der Redemptoristen an, einem Orden, der im 18. Jhd. in Italien entstanden war und sich besonders der Aufgabe verschrieb, den Armen die Frohe Botschaft zu verkünden. Diesem Orden wurde Maria am Gestade anvertraut. Er kümmerte sich um die Sanierung und übernahm auch den Passauer Hof, der seither das **Kolleg** der **Redemptoristen** beherbergt.

Wenn man am schlanken Turm der Kirche nach oben blickt, zeigt sie ihren luftigen Helm, der an eine Spitzenhaube erinnert und ein Meisterwerk der gotischen Steinmetzkunst darstellt. Die Kirche ist eine der ältesten in Wien. Sie steht an der abgebrochenen Geländekante der Stadtterrasse, über dem einstigen Gestade an der Donau, und sie war die Kirche für die Donauschiffer. Eine erste urkundliche Erwähnung stammt aus dem 12. Jhd. Als man im 14. Jhd. daranging, die Kirche im Stil der Gotik zu erweitern, konnte der Chor nicht in der Längsachse, sondern geländebedingt nur mit einem leichten Knick angefügt werden. Dieser tut der Eleganz des hohen und schlanken Bauwerks aber keinen

Abbruch. Da es seit 1820 von den Redemptoristen betreut wird, fand in der Kirche auch Klemens Maria Hofbauer seine letzte Ruhestätte. Heute werden in Maria am Gestade deutschsprachige Gottesdienste genauso gefeiert wie Gottesdienste für die tschechische Gemeinde in Wien und solche in französischer und in englischer Sprache.

→ Gottesdienste (in Deutsch) So 9.30; Mo, Mi, Do, Fr, Sa 8.00; Di 18.00. Geöffnet 7.00 - 18.00.

d Durch die Renngasse zum Schottenstift

Über die Stufen der breiten Treppe steigt man zum Tiefen Graben hinab. Er war einst ein Bachbett und die natürliche Barriere vor den Mauern der Stadt. Vom Haus an der Ecke, dessen Kern auf das 16. Jhd. zurückgeht, blickt eine barocke Madonnenstatue herab, und ein Stück weiter führt eine schmale Stiege an der Hohen Brücke vom Tiefen Graben auf das Niveau der Wipplingerstraße hinauf. Bei ihrer Nr. 27, an der Ecke zur Renngasse, trifft man auf ein Gebäude aus der Ringstraßenära, das Heinrich von Ferstel entwarf. Im Erdgeschoß findet man heute die Schauräume eines Geschäftes, das elegantes Interieur anbietet. Es birgt aber auch stumme Zeugen aus der Zeit von Vindobona, die in einer kleinen Vitrine neben der Treppe ins Untergeschoß ausgestellt sind, und unter einer Glasplatte im Boden erblickt man gar ein echtes Skelett aus der Römerzeit.

Das Haus Renngasse 3 beherbergt eine kleine Privatbank unserer Tage. Um die Mitte des 19. Jhd. befand sich an der Stelle das Bankhaus des österreichischen Zweiges der Rothschild-Dynastie, das Salomon Mayer von Rothschild gegründet hatte. Es stieg zu einem bedeutenden Finanzinstitut auf, das in Staatsanleihen sowie in Unternehmen des Bergbaus, der Industrie und des Transports investierte. Sein großer Erfolg fand sogar in eine Redensart Eingang, indem man sagte: „Deine Sorgen möchte ich haben – und dem Rothschild sein Geld“.

An die Renngasse schließt der dreiecksförmige Platz der Freyung an. Diese beherrscht der Gebäudekomplex der Benediktinerabtei „Unserer Lieben Frau zu den Schotten“, die als das **Schottenstift** geläufig ist. 1155 gegründet war es das erste der in Wien angesiedelten Klöster. Herzog Heinrich II., der, dem man später den Beinamen Jasomirgott verpasste, hatte die Benediktinermönche nach Wien geholt und unweit seiner neuen Residenz am heutigen Platz Am Hof angesiedelt. Sie kamen aus Regensburg, stammten aber aus Irland und waren iroschottische Mönche. Ihre Heimat wurde damals als „scotia maior“ (als das größere Schottland) bezeichnet, und so wurden sie in Wien als die Schotten bekannt. Die iroschottischen Mönche waren im Frühmittelalter missionierend bis in den Donauraum gekommen, nachdem die christlichen Klöster in der Abgeschiedenheit der britischen Inseln die Zeit der Völkerwanderung überdauert hatten. In Wien überließ der Herzog den Mönchen das Areal, das unweit seiner Residenz und knapp vor der damaligen Stadtmauer lag. Ihr Kloster wurde nicht nur ein spirituelles Zentrum, sondern auch eine bedeutende Bildungsstätte. Das Kloster war überdies von der landesfürstlichen Gerichtsbarkeit befreit und durfte Schutz gewähren. Das kam einer staatlichen Anerkennung des Kirchenasyls gleich, das Verfolgten Schutz bot, wie ihn die Bibel gebietet. Auf diese Art von Befreiung soll auch die Bezeichnung des Platzes als die Freyung zurückgehen.

Heute leben und arbeiten im Stift noch etwa ein Dutzend Mönche. Sie betreuen die Schottenpfarre, deren Sprengel rund um das Stift liegt, sowie einige weitere externe Pfarren in Wien und im Wiener Umland. Sie erfüllen auch weiterhin ihre angestammte Bildungsaufgabe, indem sie das angesehene Stiftsgymnasium und einen Kindergarten samt Hort betreiben.

1.d: Schottenstift, Romanische Kapelle und Wien-Ansicht um 1470 [Schottenmeister]

Der Haupteingang in die Schottenkirche liegt an ihrer Westseite. Durch ihn kommt man in ein großes Kirchenschiff aus der Zeit des Barock. Das ursprüngliche romanische Bauwerk aus dem 12. Jhd. war so schadhaft geworden, dass es im 17. Jhd. erneuert werden musste. Der heutige Hochaltar ist ein Werk aus dem 19. Jhd. Auf seinem zentralen Gemälde sind unter der thronenden Gottesmutter knieend der Ordensgründer, der hl. Benedikt, und der Herzog Jasomirgott als der Stifter der Kirche samt ihrem Modell zu erkennen. Der Raum um den Altar wurde schließlich in den 1990er-Jahren adaptiert, sodass der Altartisch und der Ambo in die Mitte der Gemeinschaft rückten.

Die Tafeln des alten Flügelaltars aus der Zeit der Gotik findet man heute im Museum des Schottenstifts. Auf diesen Tafeln hat der namentlich nicht bekannte Schottenmeister den Lebensweg Mariens sowie den Leidensweg Christi dargestellt und nebstbei einige Ansichten aus dem alten Wien aus der Zeit um 1470 überliefert. So ist die Flucht nach Ägypten eine Szene, die er aus der Sicht der Wiener Vorstadt und vor dem Hintergrund der befestigten Stadt mit ihren vielen Kirchtürmen malte. Und die Heimsuchung Mariens verlegte er mitten in die Stadt, als eine Szene in der Spiegelgasse und nahe der Stephanskirche.

→ Gottesdienste insb. So 9.30, 11.00, 19.00; Mo bis Sa 18.00. Die Kirche ist ansonsten tagsüber bis zum Vorraum geöffnet. Öffnungszeiten des Museums: Do, Fr 11.00 - 17.00; Sa 11.00 - 12.30, 13.00 - 17.00.

An die Südseite der Kirche schließt das **Benediktushaus** auf der Freyung 6A an. In ihm werden nach benediktinischer Tradition Gäste beherbergt. Ihnen stehen heutzutage Zimmer zur Verfügung, in denen es sich inmitten der Stadt in der Stille des Klosters übernachten lässt und die über das Internet buchbar sind. Im Bendediktushaus sind aber auch Leute willkommen, die nur das Bedürfnis zu einer Aussprache verspüren. Für sie gibt es im Flur des Hauses eine **Gesprächsinsel**, in der ein offenes Ohr und ein seelsorgerisches Gespräch angeboten werden. Auf der anderen Seite des Flurs entdeckt man eine kleine Türe, die in den erhaltenen romanischen Bauteil der Schottenkirche führt, die **Romanische Kapelle**. Sie wird heute als Tageskapelle genützt, die vom Hauptschiff abgetrennt ist und einen schlichten Ort der Stille und Andacht bietet. In ihrer Mitte steht nur ein Kreuz, und in einer kleinen Nische an der Seite findet man ein weiteres Kleinod des Schottenstifts, die gotische Marienstatue, die vermutlich aus der Zeit um 1250 stammt und als die älteste in Wien gilt.

→ Romanische Kapelle geöffnet Mo bis Fr 8.00 - 17.00. Gesprächsinsel geöffnet Mo, Mi 11.00 - 19.00; Di, Do, Fr 11.00 - 17.00.

An der Südseite der Freyung stehen einige alte Palais, das Harrach auf Nr. 3, das Ferstel mit seiner eleganten Passage bei der Nr. 2 und das Hardegg auf Nr. 1. Die schmale Ostseite des Platzes geht in einen Straßenzug namens Heidenschuß über. Diese Bezeichnung erklärt eine Skulptur an der Ecke mit der Strauchgasse. Sie stellt einen schnittig anstürmenden Krieger dar und verweist damit auf eine Legende aus der Zeit der osmanischen Belagerung von 1683. Damals soll es an der Stelle einen Angriff durch einen unterirdischen Stollen gegeben haben, den ein aufmerksamer Bäckergeselle vereitelte, als er in der Nacht Geräusche hörte und Alarm schlug.

e Zu den Neun Chören der Engel

Während die Geschichte zum Heidenschuß historisch nicht nachvollziehbar ist, ist das der Umstand, dass die abzweigende Naglergasse einer Krümmung folgt, wie sie schon die Ecke der Lagermauer der Römer aufwies. An der Südseite der Naglergasse kommt man dann an einigen schönen alten Stadthäusern vorbei, in deren wuchtige Gewölbe feine Läden und Lokale einzogen. Schmuck sind auch die barocken **Hauszeichen**, wie das der hl. Familie bei der Nr. 19 und das der hl. Dreifaltigkeit bei der Nr. 13. Bei der Nr. 11 führt eine schmale Passage in den Haarhof hinab, mit einem Gefälle, das auf den Graben zurückzuführen ist, der die erste Stadtmauer umfing. An die Ostseite der Passage grenzt das Häuserensemble des **Palais Esterházy**, unter dem der tiefe Keller aus dem 17. Jhd. liegt, der als „Esterházykeller“ eine traditionsreiche Gaststätte ist, in deren Ziegelgewölben bis heute Wein ausgeschenkt wird.

Nordwärts zweigt die Irisgasse ab, eine äußerst kurze Gasse. Benannt ist sie nach dem Hauszeichen „Zur Irisblume“, das wiederum auf die Iris als die Regenbogengöttin der griechischen Mythologie verweist. Sie ist als kolorierte Statue hoch oben an der Hausecke in der Irisgasse 1 angebracht worden. Unten in der Gasse fasst ein zierliches gusseisernes Geländer im Stil Otto Wagners den Abgang in eine der öffentlichen Bedürfnisanstalten ein, wie sie vor einem Jahrhundert in Betrieb gingen.

Am Hof, am Platz, an dem im Mittelalter die Babenberger Herzöge Hof hielten, stößt man zunächst auf das große Gebäude auf Nr. 2. Es diente im 20. Jhd. als Bankgebäude und verwandelte sich im 21. Jhd. in ein elegantes Hotel. An seinem Standort befand sich früher der Sitz der obersten Kriegsbehörde, zuletzt des Kriegsministeriums. Auf dieses wird auf einer Gedenktafel hingewiesen, die Henry Dunant gewidmet ist, der angesichts der Schrecken des Krieges das Rote Kreuz gründete. Rund um den Platz stehen einige Bauten aus der Zeit des Barock, und in seine Mitte pflanzte man die **Mariensäule**. Auf ihr sind die Plagen der Pest, der Hungersnot und der Ketzerei in Gestalt wilder Tiere dargestellt, die von Engeln bekämpft werden.

An der Ostseite steht die Kirche **Zu den Neun Chören der Engel**. Das gotische Bauwerk hatten die Karmeliter errichtet. Nach der Reformation wurde es den Jesuiten übergeben und umgebaut, wobei man ihm die kulissenhafte barocke Eingangsfassade vorsetzte. Auf ihrer breiten Althane, dem balkonartigen Vorbau, spendete Papst Pius VI. den apostolischen Segen, als er zu Ostern 1782 nach Wien geeilt war, um Joseph II. von seinen kirchenreformatorischen Plänen abzubringen. An der Stelle standen 1983 auch Papst Johannes Paul II. und 2007 Papst Benedikt XVI. bei den Messen im Zuge ihrer Wien-Besuche.

Wenn man in die Kirche eintritt, fallen zuerst die vielen Votivtafeln an den Wänden unter der Empore auf, wie sie von Gläubigen als Dank für erhörte Gebete gestiftet wurden. Weiträumig und dreischiffig ist das Langhaus der Kirche, das ein vielfältiges barockes Dekor aufweist. Die Kirche wird heute von einem Team von Franziskanern aus Kroatien betreut, die mit der großen Gemeinde der kroatischen Gläubigen in Wien die Messen feiern.

→ Gottesdienste So 8.30, 10.00, 11.30, 18.00; Mo bis Sa 7.00, 18.00. Geöffnet 7.00 - 19.00.

f Zur Peterskirche und über den Graben

Über den Schulhof geht es an der Nordseite der Kirche vorbei, an der ihre gotischen Bauteile gut zu erkennen sind. Am Weg zur Steindlgasse schlüpft man durch einen schmalen Durchgang, in dem sich einige kleine Verkaufsbuden wie Schwalbennester in die Nischen der Kirche schmiegen, und in der Steindlgasse 4 scheint eine kleine Laterne den durstenden Patienten den Weg in die „Gösser Bierklinik" zu weisen. Eine Gaststätte gab es an der Stelle bereits im 16. Jhd., die „Zum güldenen Drachen". In ihrem Eingangsbereich sind auch noch Relikte aus der römischen Vorvergangenheit ausgestellt, nämlich zwei Ziegelplatten mit den Nummern der in Vindobona stationierten Legionen.

Über die Tuchlauben und die Milchgasse geht es weiter zum Petersplatz, einen engen Platz, den die barocke **Peterskirche** ausfüllt. Sie ist eine der Kirchen, die auf eine sehr lange Vergangenheit zurückblicken. Wie alt sie wirklich ist, bleibt aber umstritten. Es könnte dort bereits im 4. Jhd. eine Kirche gegeben haben. Eine Legende wiederum besagt, dass die Kirche im 8 Jhd. von Kaiser Karl dem Großen selbst gestiftet worden sei. Diesen Akt illustrierte man auf einem großen Reliefbild an der südseitigen Außenmauer. Dokumentierte Spuren liegen aber erst für die Zeit ab dem 12. Jhd. vor, und das heutige Aussehen verdankt die Kirche dem barocken Bau vom Beginn des 18. Jhd. Sein charakteristisches Merkmal ist die hohe Kuppel, die ihrer Form nach an die der großen Schwester in Rom erinnert. Das Innere der Wiener Peterskirche ist reich mit Marmordekor und Bildern geschmückt. Aus dieser barocken Fülle tritt das große Gemälde am Hochaltar besonders hervor, ein Werk von Martino Altomonte. Es illustriert die Begebenheit aus der Apostelgeschichte, bei der Petrus vor dem Tempel von Jerusalem einen lahmen Bettler heilte.

Heute ist die Kirche keine Pfarrkirche mehr, sondern sie wird als Rektoratskirche geführt, welche das **Opus Dei** betreut. Dessen lateinische Bezeichnung bedeutet „Werk Gottes" und steht für ein Säkularinstitut in der Katholischen Kirche. Das ist eine der Gemeinschaften gottgeweihten Lebens außerhalb der Orden. Das Opus Dei möchte die Nachfolge Christi im Alltagsleben fördern, und es gilt als eine Organisation, die ihre Ziele mit großem Eifer verfolgt. In der Peterskirche werden regelmäßig und täglich zwei Gottesdienste gefeiert. Der zweite Sonntagsgottesdienst ist ein lateinisches Hochamt, das von festlicher Musik begleitet wird. Der Raum und ihre Orgel werden überdies und regelmäßig für Konzerte in der Kirche genutzt.

→ Gottesdienste So 10.00, 11.15 (außer Juli, August), 17.00; Mo bis Fr 11.00, 12.30, 17.00; Sa 11.00, 17.00. Geöffnet Sa, So 9.00 - 19.00; Mo bis Fr 8.00 - 19.00.

Von der Peterskirche geht es über die kurze Jungferngasse zum Graben. Sein Name verweist auf den Graben vor der einstigen Ummauerung der Stadt, der bei ihrer ersten Erweiterung zu Ende des 12. Jhd. zugeschüttet wurde. Heute präsentiert sich der Graben als eine breite, von Geschäften und Lokalen gesäumte innerstädtische Flaniermeile. Aus ihrer Mitte ragt die 21 Meter hohe und goldverbrämte **Pestsäule** hervor, ein unübersehbares Denkmal aus der Zeit des Barock. Es war Kaiser Leopold I., der sie nach einem Gelöbnis, das er bei der Pestepidemie des Jahres 1679 abgab, errichten ließ. Für die Ausführung zeichneten führende Künstler wie Johann Bernhard Fischer von Erlach und der Bildhauer Paul Strudel verantwortlich. Die Säule sollte ein steinernes Zeichen des Dankes für das Ende der Seuche sein, die tausende Menschen hinweggerafft hatte. So ist am Sockel auch eine Statue des Kaisers angebracht worden, der auf seine Knie ging und dankend zu der Dreifaltigkeit Gottes aufblickt. Am Sockel ist auch eine Reihe von Reliefs mit biblischen Szenen zu sehen, von der Schöpfung bis zum Letzten Abendmahl und zum Pfingstwunder.

Kaiser Leopold I. ließ auch die beiden alten Röhrenbrunnen am Graben erneuern. Während der Josefsbrunnen westlich der Pestsäule steht, kommt man ostwärts zum **Leopoldsbrunnen**. Er gilt dem heiliggesprochenen Babenberger Herzog und Landespatron von Wien. An der Säule plätschert das Wasser aus Löwenköpfen, und an ihr ist auch die Legende zur Gründung des Stiftes Klosterneuburg dargestellt worden, wonach Leopold das Kloster an der Stelle erbauen ließ, die ihm Gott zeigte, indem der Herzog dort den verwehten Schleier seiner Gattin wiederfand. Wer einen Schluck Wasser verkosten will, sollte das vor dem Haus am Graben 8 tun, bei der „Brunnhilde". So nennt sich die öffentliche Trinksäule, die in der warmen Jahreszeit Wiener Hochquellenwasser spendet. Ihr Standort bietet auch einen Fotoblick auf den Steffl, der von dort aus in seiner vollen Größe zu erfassen ist. Beim nahen Abgang zur U-Bahn schließt sich dann der Bogen des Rundgangs.

2. Zu jüdischen Spuren im Stadtkern

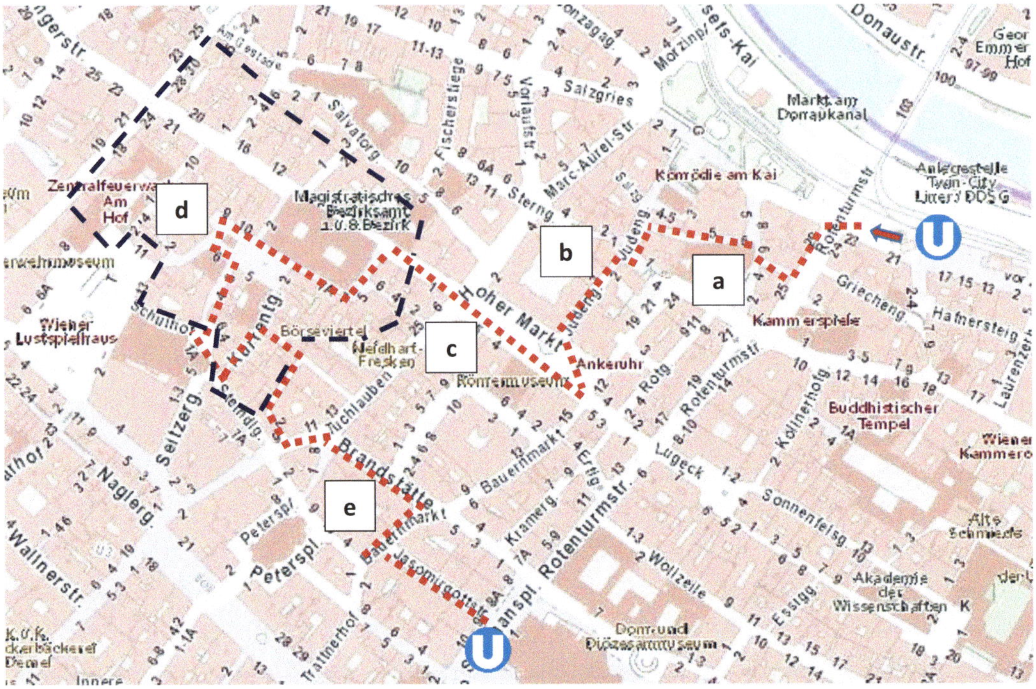

Rundgang 2. [Stadt Wien – ViennaGIS, bearb.]

Der zweite Rundgang im Kern der Inneren Stadt geht von der U-Bahn-Station Schwedenplatz aus, und er führt vor allem zu einigen jüdischen Spuren.

a Zum jüdischen Stadttempel

Vom Schwedenplatz geht man zur Rotenturmstraße und biegt in ihr beim Hard Rock Café in die kurze Passage ab, die der Gastgarten des „Bermudabräu“ ausfüllt. Nach ihm nennt sich das Grätzel der Gassen rundum, in dem sich ein Abendlokal an das andere reiht, das Bermudadreieck.

Am Rabensteig 3 trifft man auf einen Gebäudekomplex, in dem sich ein kleiner Buchladen mit jüdischer Literatur befindet und in dem seit 2017 das Wiener **Wiesenthal Institut** für Holocaust-Studien untergebracht ist. Simon Wiesenthal, der aus Galizien stammte, hatte die NS-Zeit und die Haft in Konzentrationslagern überlebt. In der Nachkriegszeit widmete er sich trotz einiger Anfeindungen der Erforschung und der Darstellung von Antisemitismus und Holocaust. Das nach ihm benannte Institut führt diese Mission fort und würdigt im Erdgeschoß auch die Arbeit von Wiesenthal in einer kleinen musealen Ausstellung.

In der Seitenstettengasse muss man zunächst einer alten Kette ausweichen, die die Autos fernhält, ehe man an der südseitigen Hausmauer ein Schild entdeckt, das auf das Tor am Katzensteig aus der Zeit der Babenberger verweist. Sein Name geht auf die „Katze" als Teil der Befestigung zurück. Durch das Tor kam man einst vom Ufer des Donauarms in die Stadt hinauf. Zwei alte Ansichten kann man an im Eingangsbereiches das Hauses in der Seitenstettengasse 5 finden, die dort an der linken und der rechten Wand aufgemalt wurden. Das Haus selbst geht auf die Benediktiner des Klosters Seitenstetten zurück, die es als ihren Hof in Wien errichten ließen, an der Stelle, an der sich zuvor der Hof der Kartause Gaming befand, die unter Joseph II. aufgelassen wurde.

Dem Gaminger Hof gegenüber stand der Pempflinger Hof, der auch als Dempfingerhof bezeichnet wurde und der von Mitgliedern der jüdischen Gemeinde zu Beginn des 19. Jhd. gekauft wurde. Sie verfügte zunächst über ein Bethaus und wollte eine neue Synagoge erbauen. Die musste sie nach den damaligen einschränkenden Auflagen für akatholische Gotteshäuser so gestalten, dass sie im Gefüge der Seitenstettengasse nicht auffiel. So integrierte Architekt Joseph Kornhäusel den 1826 eingeweihten Tempel in ein großes Wohngebäude. Dieser Umstand sollte ihm ein Jahrhundert später zugutekommen, als der Tempel im November 1938 der völligen Vernichtung entging. Die Nazis konnten ihn nicht einfach niederbrennen, ohne die Wohnhäuser rundum zu gefährden. Und sie waren wohl auch an seinen Archivunterlagen über die Wiener Juden interessiert.

Der **Stadttempel** ist die Hauptsynagoge für die jüdische Gemeinde von Wien. In der Seitenstettengasse sind es nur die hebräischen Worte über dem Portal, die auf ihn hinweisen. Sie stammen aus dem Psalm 100, der sich auf den Tempel von Jerusalem bezieht und auffordert, zu seinen Toren mit Danken und zu seinen Vorhöfen mit Lobgesang zu kommen. In der Synagoge versammelt sich die Gemeinde am Schabbat und an den Festtagen sowie zu den Gebetszeiten. Im Tempel finden auch die Feiern der Gemeinde wie Hochzeiten oder Bar bzw. Bat Mitzwot (Feiern zur religiösen Mündigkeit von Söhnen bzw. Töchtern) statt.

Außerhalb der Veranstaltungen der jüdischen Gemeinde kann der Tempel auch allgemein im Rahmen von Führungen besucht werden. Dabei passiert man zunächst die Sicherheitskontrolle beim Nebeneingang und kommt in den Vorraum sowie in das große Oval des Saales mit seinen hohen und offenen Galerien. Diese sind ein baulicher Ausdruck für die Kompromisse, wie sie in der IKG zwischen den Vorstellungen der orthodoxen und der reformorientieren Gruppen gefunden werden mussten. Die Galerien trennen zwar die Bereiche für die Frauen und die Männer räumlich voneinander, aber nicht so strikt, wie es der orthodoxen Art entsprochen hätte. Im Blickpunkt des Raumes findet man seine zentralen Elemente. Das ist der von einem prunkvollen Parochet (Vorhang) bedeckte Schrein, in dem die Rollen der Tora (Gesetz, Weisung) aufbewahrt werden. Dieser Schrein symbolisiert die einstige Bundeslade. Die Tora wird am Schabbat auf die Bima gelegt, ein Podest mit einem Lesepult, das an den Opferaltar erinnert. Von der Decke hängt die Lampe des Ner Tamid, des immerwährenden Lichts, wie es einst im Tempel von Jerusalem die Gegenwart Gottes symbolisierte.

→ Führungen Mo bis Fr 10.00, in Englisch; Do, Fr auch in Deutsch.

2.a: Zugang zum Stadttempel / Innenraum (Tora-Schrein) [Dnalor 01, CC BY-SA 3.0 at]

b Durch die Judengasse zum Desider-Friedmann-Platz

An der Ecke der Seitenstettengasse zur Judengasse findet man das koschere Restaurant „Alef Alef", und an der gegenüberliegenden Seite sind es alte beschlagene Türflügel, welche heute die Abendlokale im Bermudadreieck flankieren. In dem Bereich gab es immer wieder jüdisches Leben. Dort hatten bereits zu Ende des 12. Jhd., zur Zeit des Münzmeisters Schlom (Salomo), die ersten Juden in Wien gelebt. Im 16. und 17. Jhd. wirkten einige Juden im Viertel um den damaligen Kienmarkt, und zur Blütezeit der jüdischen Gemeinde zu Ende des 19. und zu Beginn des 20. Jhd. hatten dort viele Juden ihre Geschäfte in der Stadt. Vor und in ihnen wurden Kleidungsstücke feilgeboten, sodass die Gegend auch als das Textilviertel tituliert wurde. Die beschlagenen Türflügel dienten dazu, die Läden zu verriegeln, als es zu judenfeindlichen Anpöbelungen kam.

Jüngeren Datums sind die **Steine der Erinnerung**, die über die Initiative von Vereinen im Pflaster bzw. am Gehsteig vor einigen Häusern angebracht wurden. Sie sind kleine beschriftete Messingplatten, die wie die aus Deutschland als Stolpersteine bekannten Symbole an die jüdischen Frauen und Männer und ihr Schicksal erinnern, die in diesen Häusern wohnten.

2.b: Läden in der Judengasse heute / im Jahr 1904 [Wien Museum, Hans Götzinger]

Der kleine Platz, zu dem sich die Judengasse weitet, ist nach **Desider Friedmann** benannt. Er war der letzte Präsident der IKG vor der NS-Zeit und wurde 1944 zusammen mit seiner Frau in Ausschwitz ermordet. Inmitten des Pflasters des Platzes sprießt das frische Grün eines einzelnen Baumes, einer Immergrünen Magnolie. Weniger freundlich sind die Spuren rund um sie. Die jüngste ist ein Gedenkstein vor dem Baum, der an die Opfer des Terroranschlags im Bermudadreieck erinnert, der am 2. November 2020 fünf Menschenleben kostete. Eine Inschrift am Haus Nr. 1 verweist überdies auf den Anschlag vom 29. August 1981, als Terroristen während eines Gottesdienstes in den Tempel einzudringen versuchten und zwei Menschen töteten. Vor diesem Hintergrund ist es verständlich, dass dieser Ort in Wien einer der wenigen ist, die ständig von Uniformierten überwacht werden.

Dort, wo sich in der Judengasse eine Kette über das Pflaster spannt, erinnert am Haus Nr. 4 eine Aufschrift an den mittelalterlichen Lazenhof. Heute steht an der Stelle ein Gemeindebau aus den 1950er-Jahren, der nach Irene-Harand benannt wurde, einer Kämpferin gegen den Antisemitismus in den 1930er-Jahren. An seiner Fassade fand auch eine Skulptur aus dem 18. Jhd.

Platz, die vom Vorgängerbau stammt und der hl. Barbara gilt, einer populären Heiligen und Zeugin für den christlichen Glauben.

c Zum Vermählungsbrunnen am Hohen Markt

2.b: Stein d. Erinnerung 2.c: Hoher Markt im Jahr 1945 [Österr. Nationalbibliothek]

2.c: Vermählungsbrunnen, Skulpturen (Vermählungsszene) und Relief (Weihe Jesu)

Der Platz, der zur Römerzeit im Zentrum von Vindobona lag, diente im Mittelalter dem Fischmarkt und einem Brotmarkt. Im Zweiten Weltkrieg zerstörten die Bomben etliche Häuser rundum, nicht aber das Brunnendenkmal in der Mitte des Platzes. Es war von Kaiser Leopold I. gestiftet worden, der im Spanischen Erbfolgekrieg 1702 gelobte, für die Rückkehr seines Sohnes Joseph dem biblischen Joseph ein Denkmal zu setzen. Die steinerne Konstruktion wurde unter Kaiser Karl VI. im Jahr 1732 eingeweiht. Am Beckenrand befinden sich drei

Reliefbilder mit biblischen Szenen: die Hirten an der Krippe, die Anbetung durch die Weisen aus dem Morgenland und die Weihe Jesu im Tempel. Die Gruppe der großen Skulpturen zeigt die sogenannte Vermählung von Joseph und Maria, nach der der Brunnen als **Vermählungsbrunnen** geläufig ist. Sie war laut dem biblischen Bericht und der jüdischen Tradition ein zweistufiger Vorgang aus der Verlobung und der Heimholung. Dass sie der Bildhauer als eine Zeremonie vor dem Hohepriester und unter einer Chuppa (einem Traubaldachin) darstellte, gilt als eine ausschmückende Variation. Der Ornat des Hohepriesters ist hingegen fast detailgetreu so zu sehen, wie er im Exodus, dem 2. Buch Mose beschrieben ist. Die Skulptur war somit als die eines jüdischen Hohepriesters zu erkennen, und doch überstand sie die Zerstörungen jüdischer Symbole durch die Nazis. Sie blieb auch von den Bomben des Zweiten Weltkrieges verschont, wie das Fotos aus der Zeit belegen. Ein Zeitzeuge dafür ist auch eine Szene im Film „Der Dritte Mann", die 1948 am Hohen Markt gedreht wurde.

Am Hohen Markt 1 und bei der Apotheke „Zum Rothen Krebs" an der Ecke zum Bauernmarkt steht ein Gebäude aus der Nachkriegszeit an der Stelle, an der zu Beginn des 19. Jhd. die Arnsteins wohnten. **Fanny Arnstein** war eine Jüdin aus Berlin, die nach Wien gekommen und mit dem Geschäftsmann Nathan Adam Arnstein verheiratet war. Er gründete zusammen mit Salomon Herz und Bernhard Eskeles das Bankhaus Arnstein & Eskeles, und sie wurden für ihre Verdienste geadelt. In dem Haus am Hohen Markt pflegte Fanny Arnstein ihren Salon zu veranstalten, in dem viele Persönlichkeiten der Wiener Gesellschaft ein- und ausgingen, Damen wie Herren, Adelige wie Bürger und Christen wie Juden. Berühmt wurde die Einrichtung des Salons als ein gesellschaftlicher Treffpunkt besonders zur Zeit des Wiener Kongresses, als es viele Einladungen in die führenden Häuser Wiens gab. Um das Haus am Hohen Markt rankt sich auch die Geschichte, dass Fanny Arnstein aus ihrer protestantisch dominierten Heimat im Norden Deutschlands die Gepflogenheit mitbrachte, zu Weihnachten einen Baum ins Haus zu stellen. Den Beleg dafür, dass ein solcher bereits im Jahr 1814 im Haus der Arnsteins in Wien stand, verdanken wir der Geheimpolizei, die dieses Ereignis in ihrem Bericht festhielt. Im Jahr 1816 soll dann auch bei der reformiert-protestantischen Prinzessin Henriette von Nassau-Weilburg, der Gattin von Erzherzog Carl, ein solcher Baum aufgestellt worden sein. Damit fand der Brauch Eingang in die Kreise der katholischen Habsburger und verbreitete sich. Viel älter ist die Tradition, das Wunder der Menschwerdung Christi anhand einer Krippe zu veranschaulichen. Während das Franz von Assisi schon im 13. Jhd. mit einem Krippenspiel nachzustellen versuchte, geht der Brauch,

Weihnachtskrippen mit Figuren aufzustellen, auf die Zeit der Gegenreformation zurück.

Ein weiteres der nach dem Krieg wieder aufgebauten Häuser ist das am Hohen Markt 4. In seinem Durchgang zur Landskrongasse 8 hat man einige Schaubilder angebracht, die die lange Geschichte dieses Platzes illustrieren. Eines an der Ecke zum Hohen Markt erinnert an die erste Münzprägestätte in Wien, die zu Ende des 12. Jhd. unter Herzog Leopold V. gegründet wurde. Als ihr Verwalter war der Jude Schlom (Salomo) tätig, der erste urkundlich erwähnte Jude in Wien, der im Bereich der heutigen Seitenstettengasse wohnte und vermutlich zusammen mit anderen gekommen war. Er verarbeitete das als Lösegeld für die Freilassung von Richard Löwenherz bezahlte Silber, aus dem vor allem der Bau der Mauer um Wien finanziert wurde. Auf einem anderen Bild ist die Schranne dargestellt, das Kriminalgericht des 15. Jhd. Und ein weiteres Relief verweist auf die Zeit, als die römischen Legionäre in Vindobona stationiert waren.

d Zum Judenplatz

Vom Hohen Markt gelangt man westwärts in die Wipplingerstraße und in ihr in jenen Bereich der Stadt, in dem sich das **mittelalterliche jüdische Viertel** befand. Sein Umriss ist am Kartenausschnitt blau-strichliert skizziert und nach dem heutigen Straßenverlauf zwischen der Salvatorgasse im Norden, der Tuchlauben und der Kleeblattgasse im Osten, der Steindlgasse, dem Schulhof und dem Platz Am Hof im Süden sowie dem Tiefen Graben im Westen zu orten. Im 14. Jhd. verfügte dieses Viertel über all die Einrichtungen einer Kehila (einer jüdischen Gemeinde). Dazu gehörten eine Synagoge samt Schule und eine Mikwe, das Tauchbad zur geistlichen Reinigung, aber auch eine Backstube und ein Fleischhof. Die Gemeinde hatte einen gewählten Vorsteher und lebte autonom nach dem jüdischen Gesetz, war aber im Übrigen wie eine staatliche Gemeinde organisiert.

In die Jordangasse abgezweigt und um ihre Krümmung beim Artis-Kino herum kommt man zum Judenplatz, auf einen Platz, der einige Zeichen des Gedenkens bzw. zum Nachdenken bietet.

An der Nordseite flankiert den Platz bei der Nr. 11 das wuchtige und barock verzierte Gebäude der ehemaligen Böhmischen Hofkanzlei, in das der Verwaltungsgerichtshof einzog. Gegenüber, am Judenplatz 1, hat sich ein Bierlokal etabliert, und nebenan steht auf Nr. 2 das **Haus zum Großen Jordan**. Dieses ließ ein Georg Jordan zu Ende des 15. Jhd. erbauen, nachdem das Vorgängerhaus aus dem jüdischen Viertel konfisziert worden war. Mitten an der

Fassade erblickt man ein Reliefbild über die Taufe Jesu am Jordan, und unter ihm einen Text in lateinischen Lettern. Wenn er auch nicht allgemein verstanden wurde, so stellt er doch eine offene Verhöhnung der Verfolgung der Juden im Mittelalter dar. Diese werden als „Hebräerhunde“ beschimpft und ihre Tötung wird mit der reinigenden „Deukalionischen Flut“ (Sintflut) verglichen.

Das **Lessing-Denkmal** wiederum, das dem Haus in der Mitte des Platzes gegenübersteht, bildet auch inhaltlich einen gewissen Gegenpol. Es erinnert an den deutschen Dichter, der im 18. Jhd. lebte und Sohn eines lutherischen Theologen war. Er versuchte die Idee der Toleranz in jener Zeit in seinem Drama „Nathan der Weise“ mit der Ringparabel auszudrücken. Auf sie weist auch der große Ring am Finger Lessings an der Skulptur am Denkmal hin. Der Parabel zufolge hatte ein Vater drei Söhne, aber nur einen wertvollen Ring zu vererben. Also ließ er zwei exakte Kopien anfertigen, die vom Orginal nicht unterschieden werden konnten. Jeder Sohn erhielt ein Exemplar, und alle drei sollten gleichermaßen Erbe sein. So sollten dieser Parabel nach auch die drei auf Stammvater Abraham zurückgehenden Religionen (Judentum, Christentum und Islam) gleichberechtigt nebeneinander gesehen werden.

Das ursprüngliche Standbild Lessings hatte Siegfried Charoux bereits 1935 geschaffen. Das schmolzen die Nazis ein, und 1968 schuf derselbe Künstler die neue Skulpur, die vorerst am Kai unter der Ruprechtskirche aufgestellt war, ehe sie 1981 auf den Judenplatz heimkehrte.

2.d: Judenplatz, Lessing vor dem Haus zum Großen Jordan sowie Reliefbild am Haus

An der Westseite des Platzes findet man ein zweites Monument, ein Mahnmal aus Beton, das seit dem Jahr 2000 über der Stelle steht, an der man im Untergrund die Reste der mittelalterlichen Synagoge entdeckte. Sie dürfte in den 1270er Jahren errichtet worden sein und ähnelte der äußeren Form nach den kleinen gotischen Kirchen, wie sie die Baumeister damals entwarfen. Die Synagoge wurde als Or-Sarua-Synagoge bezeichnet, und dies zu Ehren eines der bedeutendsten Rabbiner des 13. Jhd. bzw. seines Hauptwerkes „Or Sarua" (aufgehendes Licht). Die jüdische Gemeinde, die rund um die Synagoge lebte, fand dann 1421 bei der Verfolgung unter Herzog Albrecht V. ein jähes Ende. Dieser Herzog hatte zuvor einen Feldzug gegen die Hussiten geführt, eine kirchenreformatorische Bewegung in Böhmen. Als diese Aktion misslang, lastete er das den Juden an, die mit Vorwürfen überhäuft und zu Sündenböcken gemacht wurden. Man nahm sie gefangen und wollte sie zur Taufe zwingen, und letztlich wurden alle vertrieben oder getötet. Nach der zeitgenössischen Erzählung zur „Wiener Gesera" setzte man die armen Juden in Booten ohne Ruder auf der Donau aus und ließ sie in Richtung Preßburg abtreiben. Die reichen Juden wurden enteignet und gefoltert, damit man an ihre versteckten Schätze herankäme. Einige gingen schließlich in der Synagoge in den Märtyrertod, während die anderen am Scheiterhaufen auf der Gänseweide in Erdberg verbrannt wurden.

2.d.: Judenplatz, Mahnmal und Misrachi-Haus

2.e: Brandstätte 6, Michael

Die Überreste der Synagoge, die lange im Verborgenen geblieben waren, kamen erst in den 1990er-Jahren wieder zum Vorschein, als man den Judenplatz aufgrub, um das **Holocaust-Mahnmal** zu errichten. Den Auftrag zu seiner

Gestaltung hatte die britische Künstlerin Rachel Whiteread erhalten. Sie schuf den Quader aus Beton, der eine verschlossene Bibliothek mit Büchern darstellt. Deren Rücken sind allerdings nicht zu sehen, weil die Bücher verkehrt in den Regalen stehen. Das sind Sinnbilder einerseits für den Stellenwert der Bücher im Judentum und andererseits auch dafür, dass die Lebensgeschichten vieler Opfer nicht nachgelesen werden können. Am Sockel des Mahnmals sind die Namen der Vernichtungslager verzeichnet, und eine Inschrift in Deutsch, Englisch und Hebräisch erinnert daran, dass im Holocaust insgesamt 65.000 Personen aus Österreich umkamen.

Das Haus Nr. 8 ist als das **Misrachi-Haus** geläufig. Es ist der Sitz des österreichischen Zweiges der Misrachi, einer jüdischen Bewegung orthodoxer und zionistischer Ausrichtung, die eine Synagoge und ein Jugendzentrum einrichtete. Das Misrachi-Haus ist auch der Sitz des Jewish Welcome Service. Er ist eine 1980 von der Stadt Wien gemeinsam mit Leon Zelman gegründete Organisation, die sich der ehemaligen jüdischen Bürger und Bürgerinnen der Stadt Wien annahm. Heute richtet sie sich an die Generationen ihrer Nachkommen und lädt sie zu Wien-Besuchen ein.

In Erdgeschoß des Hauses erreicht man den Standort des **Jüdischen Museums**, in dessen Untergeschoß die Überreste der mittelalterlichen Synagoge zu sehen sind. Eine Videoschau veranschaulicht überdies das Leben im mittelalterlichen Viertel. Das war damals kein Ghetto inmitten der Stadt, eher ein abgegrenztes Viertel für die jüdische Bevölkerung, die neben und im Austausch mit der christlichen Bevölkerung lebte.

→ Öffnungszeiten So bis Do 10 - 18; Fr 10 - 14.

An der Ecke zum Judenplatz 7 prangt ein Hauszeichen mit der barocken Darstellung der Dreifaltigkeit, mit dem Vater als Herrscher, dem Sohn mit dem Kreuz und dem hl. Geist in der Gestalt einer Taube. Und das Gebäude am Judenplatz 6 ist eines, in dem eine katholische **Privatschule** samt Halbinternat untergebracht ist, die von der Wiener Erzdiözese betrieben wird. Diese ließ an der Hausecke zur Parisergasse eine Gedenktafel anbringen, auf der von katholischer Seite an die Verfolgung der Juden vom Mittelalter bis zur NS-Zeit erinnert wird. Ihr Text mündet in den Worten: „... Heute bereut die Christenheit ihre Mitschuld an den Judenverfolgungen und erkennt ihr Versagen ...“.

e Über den Schulhof zur Brandstätte

Durch die schmale Parisergasse gelangt man südwärts zum **Schulhof**. Diesen Namen trug früher der Judenplatz, auf dem die „Schul“ stand, die Synagoge, die stets auch ein Ort des Lernens war. Der heutige Schulhof, auf dem sich einst der Garten des jüdischen Viertels befand, wird vom mächtigen Gebäude der Kirche „Zu den Neun Chören der Engel“, die man auch als die Kirche Am Hof kennt, und von einem großen Blauglockenbaum beschattet. Der Platz präsentiert sich heute als ein abgelegener Ort, an dem oft nur das Geklapper der Hufe der Fiakerpferde zu vernehmen ist. Hinter der barocken Fassade des Hauses am Schulhof 2 scheint überhaupt die gute alte Zeit zu ticken. Dort befindet sich das Uhrenmuseum.

Zwischen ihm und der hohen Chormauer der Kirche kommt man wie durch eine Klause hindurch zu der Kreuzung mit der Kurrentgasse. Sie verweist auf die Kurrenten, die einst die Abgaben einzutreiben hatten. Gesäumt wird die Gasse von einer Reihe schmucker und stattlicher alter Häuser. Am Eckhaus Kurrentgasse 2 erkennt man auf der Höhe des ersten Stockwerkes das vergitterte Fenster einer Kapelle. In dem Haus hatte im 16. Jhd. der Jesuitennovize Stanislaus Kostka gewohnt, der schwer erkrankte. Der Überlieferung nach habe ihm ein Engel die Kommunion gebracht, als der protestantische Hausbesitzer den katholischen Priester nicht hereinließ, und zur Erinnerung daran wurde die Kapelle eingerichtet.

In der Kurrentgasse 10 ist es der kleine Bäckerladen von Arthur Grimm, der eines weiteren Blickes wert ist. In ihm werden einige traditionsreiche Gebäcksarten angeboten, wie sie aus dem Sortiment größerer Betriebe meist verschwunden sind. Eine saisonale Besonderheit gibt es Mitte März, nämlich das Klemens-Weckerl, das zwei Taillen und einen Bauch in der Mitte aufweist. Es wird für wohltätige Zwecke verkauft und erinnert an Klemens Maria Hofbauer, der ursprünglich das Handwerk des Bäckers erlernt hatte. In der Folge wurde er zum Ordensmann und Prediger, der in Maria am Gestade wirkte, und man erkor ihn auch zum Stadtpatron von Wien.

Vom Grimm kommt man durch einen schmalen Durchgang in die Kleeblattgasse. An der Stelle verlässt man den Bereich des einstigen Judenviertels. An dem aus dem 17. Jhd. stammende Haus Kleeblattgasse 5 ist neben der Hausnummer noch die aufgemalte frühere Konskriptionsnummer 452 zu lesen. Mit solchen Nummern waren die Häuser seit dem Ende des 18. Jhd. durchgehend erfasst worden, bis 1862 die Nummerierung für jede Straße und Gasse eingeführt wurde. Die Kleeblattgasse mündet dann in die Tuchlauben, eine der seit jeher vornehmen Straßen Wiens. Sie war einst die Straße der Tuchhändler und ist zum Zentrum der noblen Geschäfte führender Modemarken geworden, die ein „Golden Quarter“ von Wien bilden. An dem Übergang von der Kleeblattgasse in die Tuchlauben findet man noch zwei alte Geschäftslokale. Das sind die Apotheke „Zum weißen Storch“ auf Nr. 9 und die Textilienhandlung des „Gunkel“ auf Nr. 11. Die Schneiderkünste des Josef Gunkel hatte schon Johann Nestroy in seinem Stück „Der Zerrissene“ erwähnt.

Aus der Tuchlauben biegt man bei dem kleinen Brunnen, der an das Handwerk der Tuchmacher erinnert, zur Brandstätte ab. Ihre Nordseite beherrscht die dunkle Fassade vor dem **Zacherlhaus** auf Nr. 6. Es gehörte Johann Evangelist Zacherl, der in seiner Fabrik in der Döblinger Nußwaldgasse Insektenpulver herstellen und das repräsentative Stadthaus auf der Brandstätte erbauen ließ. Es ist ein Werk des Jugendstils, das Josef Plečnik gestaltete, ein Schüler Otto Wagners. An der Fassade fällt vor allem der **Erzengel Michael** auf, eine überlebensgroße Skulptur, die das Schwert erhebt und unter den Füßen die besiegte Kreatur des Bösen festhält. Der Wiener Volksmund nannte ihn, der am Zacherl-Haus angebracht wurde, schlichtweg den Wanzentöter.

Im Verlauf des Bauernmarktes erreicht man an dessen Ecke zur Freisingergasse ein barockes Gebäude, das seit 2022 in neuem Glanz erstrahlt. Im Erdgeschoß zog ein edles Restaurant ein, und an der Ecke wurde ein Relief vom Beginn des 18. Jhd. renoviert, das die Verkündigung an Maria darstellt. Nichts weist mehr auf den Vorfall im 17. Jhd. hin, als in dem Haus ein wichtiger Mann seiner Zeit wohnte, **Samuel Oppenheimer**. Er war nach der Vertreibung von 1670 einer der wenigen Juden in Wien und fungierte als ein Hoffaktor. Als solcher hatte er eine große Bedeutung für die Finanzierung und Ausstattung der Armee gerade zu der Zeit, als Wien 1683 von den Osmanen belagert wurde. Oppenheimer hatte daher eine privilegierte Stellung und ein Wohnhaus in der Stadt, zog sich aber auch den Neid der armen Bevölkerung zu. Der entlud sich bei dem Vorfall am 21. Juli 1700. Den Anlass boten italienische Rauchfangkehrer, die auf der Straße lärmten und in einen Streit mit einem Angehörigen von Oppenheimers Haushalt verwickelt wurden, den sie als Juden verspotteten. Als sich die Passanten einmischten, entlud sich die judenfeindliche Stimmung zu einem Tumult, der gewaltsam aufgelöst werden musste. Bei dem Aufruhr war aber das Haus geplündert worden und Oppenheimer verlor wichtige Unterlagen wie offene Rechnungen und Schuldscheine, was zu seinem wirtschaftlichen Niedergang beitrug.

Vom Bauernmarkt führt die kurze Jasomirgottstraße geradewegs auf den Dom zu. Ihre Benennung erinnert an den Babenberger Herzog Heinrich II., auf den die Gründung des Klosters auf der Freyung zurückgeht. Er wird meist als Jasomirgott tituliert, womit der fromme Wunsch „ja, so mir Gott helfe“ gemeint ist. Die nach ihm benannte Straße führt jedenfalls zum Stephansdom zurück, bei dem die Runde endet.

3. Zu Meilensteinen christlichen Lebens, erster Teil

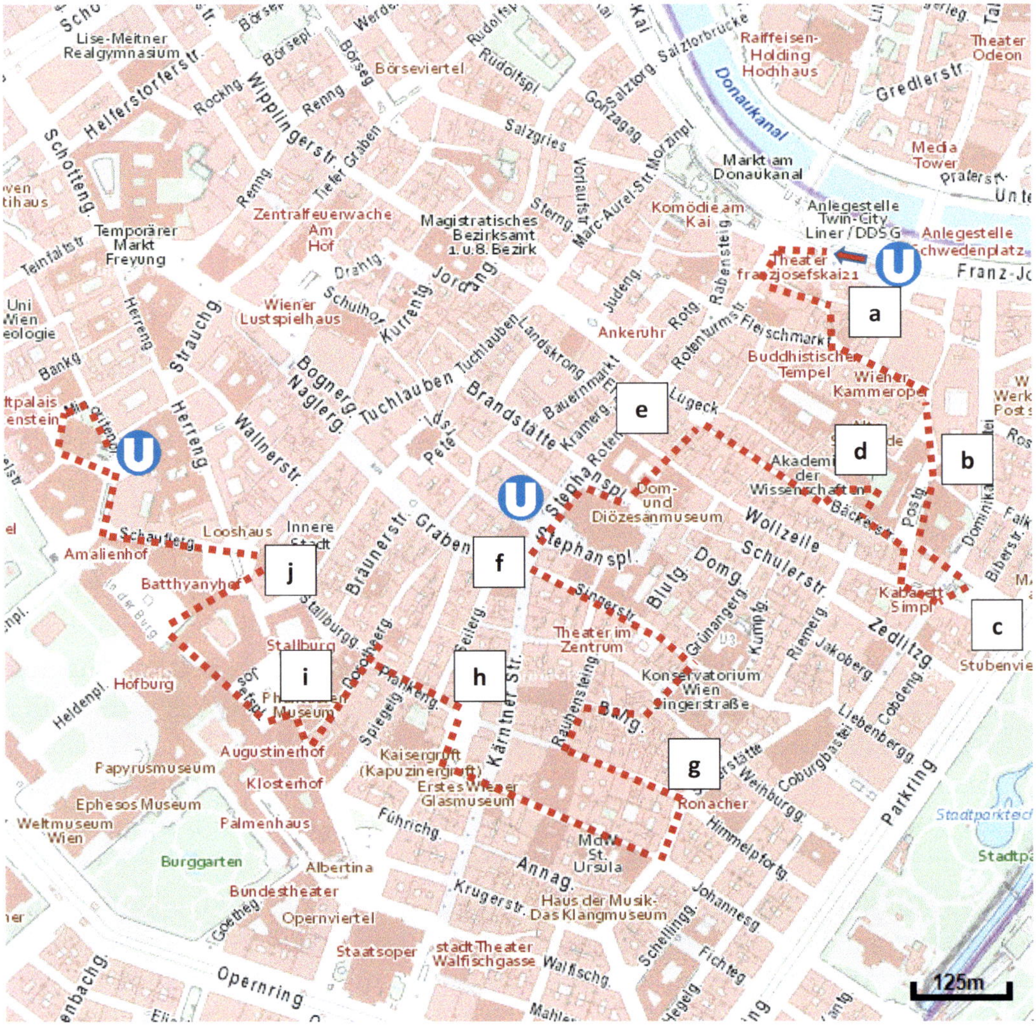

Rundgänge 3. und 4. [Stadt Wien – ViennaGIS, bearb.]

Auf dem Weg zu einigen Meilensteinen des christlichen Lebens quer durch die Innere Stadt gibt es so vieles zu sehen, dass er zweigeteilt angeboten wird: als ein Rundgang 3. (mit den Abschnitten a bis e) vom Schwedenplatz bis zum Stephansplatz, und als ein Rundgang 4. (mit den Abschnitten f bis j) vom Stephansplatz bis zum Minoritenplatz. Das Augenmerk gilt dabei besonders den Spuren, die einen Ein- und Überblick dazu vermitteln, wie sich das Verhältnis zwischen dem Staat und den Kirchen, zwischen den christlichen Glaubensrichtungen und zwischen den Christen und den Juden entwickelte. Dabei stößt man auf Zeichen von Toleranz und Anerkennung genauso wie auf solche von Intoleranz und Verfolgung.

a Zur griechisch-orientalischen Kathedrale

Von der U-Bahn-Station am Schwedenplatz geht es über die Rotenturmstraße zunächst zur Griechengasse 5, zur griechisch-orientalischen Kirche **Zum hl. Georg**. Sie wurde zu Beginn des 19. Jhd. über die Initiave einer Bruderschaft errichtet, einer Vereinigung von Laien für kirchliche Zwecke, welche griechische Händler gründet hatten. Das waren jene, die in der Friedenszeit nach dem Ende der Türkenbelagerung von 1683 nach Wien kamen und osmanische Staatsbürger waren. Georg von Karajan hatte den Grund zum Bau der Kirche zur Verfügung gestellt, die dann gegen Ende des 19. Jhd. auch einen Glockenturm erhielt. Ihr Äußeres lehnt sich an die Formen der griechischen Antike an, und am Eingang erinnert eine Inschrift an Rhigas Velestinlis-Pheraios, einen griechischen Schriftsteller und Proponenten der Unabhängigkeitsbewegung, der die Gemeinde bei seinem Aufenthalt in Wien zu Ende des 18. Jhd. besuchte. Das Innere beherrschen die breite Ikonostase und die großen Gemälde an der Nordwand, die der griechische Maler Konstantinos Parthenis schuf. Die Kirche steht regelmäßig am Sonntag Morgen offen, wenn die hl. Liturgie gefeiert wird.

→ Gottesdienste So 8.00.

3.a: Kathedrale zur hl. Dreifaltigkeit, Eingangsfassade und Opferkerzen im Inneren

Die Griechengasse zwängt sich in der Folge durch eine enge Passage zum Fleischmarkt durch. Die Schilder hängen noch, auf denen die Fußgänger ermahnt wurden, auf die Kutschen zu achten. Auch die Prellsteine sieht man, die die Mauern einst vor ihren Rädern schützten. Sie sollten nicht die Kurve kratzen, wie es redensartlich heißt. Heute bietet an der Stelle ein findiger Barrista guten Kaffee aus dem Fenster an, und viele Gäste der Stadt strömen zur Ecke mit dem gotischen Erker, unter dem der Eingang in das altehrwürdige Griechenbeisl liegt. Dort blicken sie in das mit einer Glasplatte abgedeckte Loch hinab, um das sich die Legende vom lieben Augustin rankt. Er soll im 17. Jhd. gelebt und in der Gaststätte aufgespielt sowie getrunken haben, bevor er in eine offene Pestgrube stürzte und die Nacht in ihr überlebt haben soll.

Das Haus am Ausgang aus der Engstelle, das in der Griechengasse 10, ziert ein barockes Muttergottesrelief. Ihm gegenüber liegt die zweite griechisch-orientalische Kirche, die **Kathedrale** zur **hl. Dreifaltigkeit** am Fleischmarkt 13. Sie geht auch auf eine Bruderschaft der Griechen zurück, eine, deren Mitglieder Bürger des Habsburgerreiches waren und nach der von Joseph II. gewährten Toleranz die Kirche am Fleischmarkt erbauten. Ihre Eingangsfassade mit den goldfarbenen Ornamenten und den Sichtziegeln stammt von einem Umbau in der zweiten Hälfte des 19. Jhd. Ihn förderte der Bankier und Unternehmer Georg Simon von Sina, der als Architekten Theophil von Hansen heranzog, der einige Jahre in Athen gelebt hatte. Für die Kirche am Fleischmarkt entwarf er den Vorbau mit seiner dekorativen Fassade und dem achteckigen Turm, wobei er auf die Elemente des byzantinischen Stils zurückgriff. Durch eine feierliche Einganghalle kommt man zu der Tür, durch die man erst das dunkle Kirchenschiff selbst erreicht. In ihm leuchten untertags meist nur die schlanken Opferkerzen, welche die Gläubigen beim Eingang erwerben, in die Schalen pflanzen und entzünden. Prunkvoll ist die Ikonostase, auf deren zentralem Bild das Abendmahl zu sehen ist, bei dem Jesus seine Jünger um den Tisch scharte. Oben in der Kuppel ist die Dreifaltigkeit dargestellt, auf die die Kirche geweiht wurde.

Das liturgische Programm der Kirche sieht regelmäßig Gottesdienste in deutscher und solche in griechischer Sprache vor. Einige werden im hohen Raum der Kathedrale gefeiert, und einige in der heimeligen Chrysostomos-Kapelle am Hafnersteig.

→ Gottesdienste (Kathedrale) insb. So 11.00. Geöffnet So 8.00 - 11.30; Mo bis Fr 9.00 - 12.30, 13.00 - 16.30; Sa 9.00 - 14.00.

Im Gebäude untergebracht sind auch die Metropolis von Austria, die auf der bischöflichen Ebene den griechisch-orientalischen Gemeinden übergeordnet ist, sowie die 1804 gegründete Griechische Nationalschule. In ihr wird ein Sprach-, Geschichts-, Kultur- und Religionsunterricht angeboten. Der Kathedrale gegenüber steht ein Wohnhaus, das gegen Ende des 18. Jhd. erbaut wurde und einem anderen Förderer der griechisch-orientalischen Kirchengemeinde gehörte, dem Kaufmann Christian Nako. Er machte sich als Stifter für die griechische Schule in der Dreifaltigkeitskirche verdient. Bekannt geworden ist dieses Haus als das **Toleranzhaus**. Ein Schriftband an seiner Fassade erinnert nämlich an jenen Akt der Toleranz, den Joseph II. gewährte und den griechisch-orthodoxen Gläubigen die Ausübung ihres Glaubens erlaubte. Das würdigen die blumigen Worte „Vergänglich ist dies Haus, doch Josephs Nachruhm nie. Er gab uns Toleranz, Unsterblichkeit gab sie".

Ein Zeichen der Glaubensvielfalt von heute findet sich am Fleischmarkt 16. An dem Haus mit seinen klassizistischen Reliefs und seinem schmalen Innenhof sind es buddhistische Symbole, die es als den Sitz der Buddhistischen Religionsgesellschaft kennzeichnen. Sie ist die organisatorische Klammer für die Gruppen und Orden, mit denen der Buddhismus in Österreich vertreten ist. Schräg gegenüber, am Handelshaus Julius Meinl am Fleischmarkt 7, künden große Reliefs von dessen internationalen Geschäftsbeziehungen, und eine kleine Tafel beim Eingang davon, dass in dem Haus Billy Wilder wohnte. Er wurde als Samuel Wilder in einer jüdischen Famile geboren, die aus Galizien einwanderte, verbrachte seine Schulzeit in Wien und stieg später in den USA zu einem bekannten Filmregisseur auf. Eine jüdische Einrichtung unserer Tage birgt das Haus am Fleischmarkt 22, nämlich die Mikwe des orthodoxen Vereins Machsike Hadass.

b Zur Dominikanerkirche

An der Ostseite der Postgasse trifft man auf die lange Fassade der ehemaligen Postzentrale. Dieses Gebäude wurde jüngst zu Wohn- und Bürozwecken umgebaut und umschließt auch die schmale **Barbarakirche**. Ihre Stirnseite stammt aus dem 19. Jhd., das Gotteshaus selbst geht aber auf eine Kapelle aus dem 16. Jhd. zurück. Sie gehörte damals zu einem Konviktsgebäude der Jesuiten. Als dieser Orden im 17. Jhd. aufgelöst wurde, war es Maria Theresia zu verdanken, dass die Kapelle den griechisch-katholischen Gläubigen überlassen wurde. Auf diesen Akt der Herrscherin weist eine Inschrift beim Eingang in die Kirche hin. Ihr Innenraum ist im Stil des Rokoko ausgestaltet worden und enthält auch eine Ikonostase. Wenn man einen Blick durch sie in den Altarraum erhascht, kann man dort ein großes Gemälde erkennen, das die hl. Barbara darstellt. Ihre Gesichtszüge erinnern wiederum an die der jungen Maria Theresia.

Heute dient das Gotteshaus der Zentralpfarre für den griechisch-katholischen Ritus und besonders der ukrainischen Gemeinde. So wird die Liturgie meistens in ukrainischer Sprache und mit Chorbegleitung gefeiert.

Einzelne Gottesdienste werden auch in Deutsch und in Slowakisch angeboten. An die ukrainische Herkunft knüpft auch die Gedenkttafel links vom Eingang an, die dem Komponisten Andrij Hnatyschyn gilt, der im 20. Jhd. in der Kirche wirkte und den Chor leitete. Und in unseren Tagen, in der die Ukraine von den kriegerischen Ereignissen gebeutelt wird, nimmt sich die Gemeinde in der Barbarakirche besonders um die Menschen an, die aus dem Land flüchteten und eine Anlaufstelle in Wien benötigen.

→ Gottesdienste So 9.30, 15.00, 18.00; Mo, Di, Do, Fr 18.00; Mi 9.00.

3.b: Dominikanerkirche, Altarraum mit Volksaltar und Ambo

An der Ostseite der Postgasse und ihrer Ecke zur Predigergasse kommt man zu der auf „Unsere Liebe Frau vom Rosenkranz“ (Maria Rotunda) geweihte Kirche, die als die **Dominikanerkirche** bekannt und mit dem Kloster der Dominikaner verbunden ist. Der Orden betreut auch die Pfarrgemeinde Maria Rotunda, und die Kirche ist zugleich Kloster- und Pfarrkirche. Das erste Gotteshaus an der Stelle hatten die Dominikaner bereits im Mittelalter erbaut. Das musste der osmanischen Belagerung von 1529 weichen. Zur Zeit der Gegenreformation im 17. Jhd. gelang ein Neubau, den italienische Baukünstler im Stil des Frühbarock ausführten.

Zum Haupteingang kommt man über einige Stufen hinauf und betritt ein lichtdurchflutetes Kirchenschiff. Es ist ein weiter Raum, der mit viel Stuck und einer Fülle an Gemälden ausgeschmückt wurde, und mit Seitenkapellen zu Ehren einiger Vorbilder und Mitglieder des Ordens, der sich als der Predigerorden versteht. Am Gemälde am Hochaltar ist knieend der Ordensgründer, der hl. Dominikus, dargestellt, und das in einer Szene zur Einsetzung des Rosenkranzfestes. Vor dem Altar hat auch die zeitgenössische Kunst Einzug gehalten, indem man einen neuen Volksaltar samt Ambo aufstellte. Ihr Material, das helle und durchscheinende Epoxidharz, versinnbildlicht das Licht, das Jesus in die Welt brachte. Und der Form nach drücken der Altar und der Ambo auch die Bedeutung im Gottesdienst aus: Die Schale des Altars steht für das Abendmahl, das aufgeschlagene Buch am Ambo für das Wort Gottes.

→ Gottesdienste So 10.00, 12.00 (in Latein), 20.00, werktags 18.00. Tagsüber geöffnet.

Der Eingang in das **Dominikanerkloster** findet sich nebenan in der Postgasse 4. Die Mönche dieses Bettelordens waren bereits im 13. Jhd. nach Wien geholt und an der Stadtmauer neben dem Stubentor angesiedelt worden. Eine solche Position hatten auch die Klöster der Minoriten und der Augustiner an der Westseite der Mauer, die allesamt gleichsam christliche Bollwerke sein sollten. Die Zeiten überdauerte der mittelalterliche Kreuzgang, den das Dominikanerkloster umschließt. Seine Räume wie der Thomas-Saal werden heutzutage für die Veranstaltungen der Pfarrgemeinde genutzt, und man kann sie auch im Rahmen von Vortrags- und Konzertveranstaltungen besuchen.

c Zum Stubentor und zur Alten Universität

Von der Postgasse 2 führt ein Durchgang zu dem Platz vor der einstigen Stadtmauer, der im 20. Jhd. nach Dr. Karl Lueger benannt wurde. Er war der Wiener Bürgermeister der Jahre um 1900 und hatte die Christlich-Soziale Partei gegründet. Einerseits machte er sich als tatkräftiger Stadtherr und mit einer Politk der katholischen Sozialreform verdient. Andererseits schlug er auch klar antisemitische Töne an. Von daher gilt er als eine umstrittene Persönlichkeit, deren Denkmal immer wieder beschmiert wird. Ein unumstrittenes Naturdenkmal ist die gewaltige Platane in seinem Rücken, die ihn bei Weitem überragt. Auch sie ist an die hundert Jahre alt und nimmt mit ihren weit ausladenden Ästen einen beträchtlichen Teil des Platzes ein.

Der grenzt an seiner westseitigen Ecke an die Stubenbastei und die Wollzeile. Dort hat sich der „Plachutta" etabliert, ein Restaurant, das für seine Wiener Rindfleischspezialitäten bekannt ist. An der Kreuzung vor ihm findet man Reihen von weißen Steinen im Pflaster. Sie markieren die Stelle, an der das

Stubentor stand, eines der Tore der Stadtbefestigung, von der ein paar Teile erhalten blieben und den Zugang zur U-Bahn flankieren. Einige Teile an der Oberfläche sind auch rekonstruierend ergänzt worden, und an dem der Wollzeile zugewandten Stück hängen Tafeln zur Vorgeschichte des Ortes. Eine von ihnen verweist in die Zeit der Reformation zurück, als in Wien einige Vertreter des dritten Flügels der Reformation auftraten, die Täufer, die noch radikaler reformieren wollten als die anderen. Sie lehnten die Kindstaufe ab und praktizierten eine Glaubenstaufe an mündigen Personen. Von katholischer Seite wurde das strikt abgelehnt, und man stufte sie als Wiedertäufer und Ketzer ein, die nach den staatlichen Gesetzen verfolgt wurden. So erging es auch **Balthasar Hubmaier**. Er stammte aus dem Raum Augsburg und war ursprünglich ein katholischer Priester und Theologe, der sich den Täufern anschloss. In Nikolsburg in Mähren geriet er in die Fänge des habsburgischen Reiches, wurde auf der Burg Kreuzenstein inhaftiert und in Wien angeklagt. Als er sich trotz Folter weigerte seine Glaubensüberzeugung zu widerrufen, wurde er zum Tode verurteilt und 1528 am Richtplatz vor dem Stubentor verbrannt. Das war jener auf der Gänseweide, auf dem ein Jahrhundert vorher die Juden verbrannt worden waren und auf dem 1524 auch Caspar Tauber als erster Vertreter der Reformation in Wien starb. Die Gedenktafel am Stubentor wurde 2003 über eine Initiative von christlicher Seite angebracht.

3.c: Stubentor, Hubmaier-Gedenktafel

3.d: Bäckerstraße 12, Fresko

Durch den Durchgang zur Postgasse zurückgekehrt folgt man geradewegs der Bäckerstraße. Sie führt zum verwinkelten Komplex der **Alten Universität**, der ersten Heimstätte der Wiener Universität. Die Gassen um sie herum waren einst vom studentischen Leben geprägt, dort hatten sich die Bursen angesiedelt, in denen die Studierenden Kost und Logis fanden. Die Universität übersiedelte schließlich im 19. Jhd. in das Gebäude an der Ringstraße. Heute ist in den Mauern der Alten Universität die **Akademie der Wissenschaften** untergebracht, ein große außeruniversitäre Einrichtung der Wissenschaft und Forschung, sodass das einstige studentische Viertel nach wie vor ein Campus des Wissens ist. In der Bäckerstraße 13 findet man neben dem Torbogen eine gläserne Türe, durch die man in die Akademie und in den Innenhof gelangt, der frisch herausgeputzt und begrünt wurde. In dessen Ostecke erreicht man über das Stiegenhaus den alten Gebäudeteil, in dem sich das universitäre Herzogskolleg befand und in den eine barocke Bibliothek eingefügt wurde, die wochentags besucht werden kann.

In der Westecke des Hofes liegt der offene Durchgang zu dem Platz, der früher der Universitätsplatz war. Im Durchgang kommt man an einer weiteren gläsernen Eingangtüre vorbei. Sie führt zu dem Trakt mit dem **Jesuitenkolleg**. Diesem im 16. Jhd. gegründeten und gegenreformatorischen Orden hatte Kaiser Ferdinand II. die Führung der philosophischen und der theologischen Fakultäten an der Universität anvertraut. Die Mitglieder des Ordens zeichneten sich durch ihre Glaubens- und Papsttreue und ihr Bemühen um eine katholische Erziehung der jungen Leute aus. Den Gebäudekomplex der Universität bauten die Jesuiten um, richteten ihr Kolleg ein und erbauten die barocke Kirche. Heute sind im Gebäudes des Kollegs das Provinzialat des Ordens und die Jesuitenmission untergebracht.

Aus dem Durchgang kommt man auf den vormaligen Jesuiten- bzw. Universitätsplatz hinaus, der im 20. Jhd. nach Prälat Dr. **Ignaz Seipel** benannt wurde. Er war ein Priester und Moraltheologe und ein Vertreter der katholischen Politik in den 1920er-Jahren, der zum Obmann der Christlich-Sozialen Partei sowie zum Bundeskanzler aufstieg. Als solcher bemühte er sich um das finanzielle Überleben der jungen Republik Österreich und die Hilfe aus dem Ausland. Innenpolitisch kam es zu seiner Zeit zur Auseinandersetzung mit den Sozialdemokraten. Als sie gegen ein umstrittenes Gerichtsurteil protestierten und Seipel die Unruhen niederschlagen ließ, die zum Brand des Justizpalastes geführt hatten, verpasste man ihm den Beinamen eines „Prälaten ohne Milde“.

Den Platz dominiert die **Jesuitenkirche** mit ihren beiden mächtigen Türmen. Am Giebel zwischen ihnen wurde das Monogramm für Jesus postiert, das auf ihn hinweist, nach dem sich die Jesuiten benannten. Die prächtige Ausstattung des Kircheninneren mit ihren barocken Deckenmalereien ist dem nach Wien geholten Andrea Pozzo zu verdanken, einem Laienbruder des Jesuitenordens. Er verstand es nicht nur, die Illusion einer Kuppel zu malen, sondern vor allem den Thriumph des Glaubens und den Sieg Gottes über die Macht des Todes hervorzustreichen. Diese Szenen sind auch ein Sinnbild für den Sieg der katholischen Gegenreformation. Dem Grundsatz der jesuitischen Lehrtätigkeit folgend versuchte Pozzo den Glauben mit allen Sinnen erfassbar zu vermitteln und streute in die Bilder Worte aus dem biblischen Psalmen ein. Und die Orgel mit ihrem besonderen Klang rundet den Eindruck akustisch ab. Sie bekommt man vor allem beim Gottesdienst am Sonntag Vormittag zu hören, zu dem die klassische Musik einer Festmesse erklingt.

→ Gottesdienste So 10.30; Mo 12; Di bis Fr 7.15. Geöffnet 8.00 - 21.00.

d Zu Spuren aus der Zeit der Reformation

An Ecke der Kirche, an der die Sonnenfelsgasse in den Platz mündet, liegt das ehemalige **Amtsgebäude** der Universität. An seiner Fassade erinnern Gedenktafeln an zwei Studenten aus der Epoche der Reformation. **Ulrich Zwingli** studierte in den Jahren 1498/1499 und 1500 an der Universität in Wien, ehe er in seiner Schweizer Heimat zu einem führenden Vertreter der Reformierten wurde, und **Konrad Grebel** weilte in den Jahren 1515 bis 1518 in Wien. Auch er stammte aus der Schweiz, hatte sich zunächst Zwingl angeschlossen und wandete sich den Täufern zu. Er war es, der in Zürich die erste dokumentierte Glaubenstaufe vollzog, an Jörg Blaurock, einem katholischen Priester.

An der Südseite des Dr.-Ignaz-Seipel-Platzes, im Haus Bäckerstraße 18, befindet sich eine Einrichtung, die als **JesuitenFoyer** betitelt wurde. Dort werden zeitgenössische Kunstwerke ausgestellt. Straßenseits enthält das Gebäude auch das kleine und schlichte Restaurant „Inigo“, in dem wochentags ein preiswertes Menü angeboten wird. Dieses Lokal betreibt die Caritas der Erzdiözese Wien als ein soziales Projekt und beschäftigt Personen, die lange arbeitslos waren.

Ein Stück weiter sollte man bei der Bäckerstraße 12 stehen bleiben, um ein altes Fresko zu beachten. Das wurde zur Zeit der Reformation aufgemalt und verschwand später unter dem Putz, ehe es bei einer Renovierung wieder auftauchte. Dem Motiv nach nennt man es **Allwo die Kuh am Brett spielt**. Es lässt nämlich eine Kuh mit Brille erkennen, die mit einem Wolf Tricktrack spielt. Das war ein altes Brettspiel, aus dem sich das Backgammon entwickelte. Die in der Bäckerstraße aufgemalte Szene wird meist so interpretiert, dass sie verschlüsselt auf den Konflikt zwischen den Katholiken und den Protestanten anspielte. Die Kuh soll wohl die Katholiken symbolisieren, und der Wolf die Protestanten, und die im Hintergrund stehende Person scheint abzuwarten, um sich auf die Seite des Gewinners zu schlagen.

Entlang der Bäckerstraße erreicht man den Platz des Lugeck. Er war ein belebter Ort in der alten Stadt, den das Handwerk und der Handel prägten. Als solcher war er ein Ort der Begegnung für Leute aus mancherlei Ländern und mit vielen Sprachen. So schilderte ihn jedenfalls Wolfgang Schmeltzl im 16. Jhd. Dieser war ein Protestant aus der Oberpfalz, der zum katholischen Glauben konvertierte, in Wien Schulmeister am Schottenstift wurde und zum Lugeck bemerkte: „Ich dacht', ich wär' nach Babel kommen. Wo Sprachenwirrniß Anfang genommen".

Heute beherrscht das Denkmal für **Johannes Gutenberg** den Platz. Er hat im 15. Jhd. den Buchdruck mit beweglichen Lettern aus Metall erfunden, und er revolutionierte die Möglichkeiten, Schriften zu verbreiten. Mit seiner Erfindung konnten die Schriften Luthers rasch unter das Volk gebracht werden. Gutenberg druckte auch eine zweibändige Ausgabe der Bibel, die als seine Meisterleistung und als ein gedrucktes Kunstwerk gilt.

e Durch den Zwettlhof zum Stephansplatz

Beim Lugeck 5 schlüpft man in den schmalen und belebten Durchgang zur Wollzeile. Das Logo des „Figlmüller" über dem Torbogen verweist auf das Restaurant, das dort seine Schnitzel als die größten von Wien anpreist, und beim Ausgang aus dem Durchgang stößt man auf den „Schönbichler" an der Wollzeile. Unter diesem Namen ist die gut sortierte Teehandlung seit dem 19. Jhd. bekannt. Von ihr aus führt ein weiterer Durchgang zum Stephansplatz 6, mitten durch den Großen **Zwettlhof**, dessen Bezeichnung darauf zurückgeht, dass er seinerzeit vom Stift Zwettl erworben wurde. Er dient heute der Wiener Erzdiözese und den Büroräumen etlicher Einrichtungen wie der Katholischen Jungschar und Jugend, der Katholischen Aktion mit der Frauen-, Männer- und ArbeitnehmerInnenbewegung, der Pfarrcaritas sowie der die Kindergärten betreibenden St. Nikolausstiftung. Der Gebäudeteil, der an den Stephansplatz grenzt und einst die Wohnung des Domprobstes enthielt, beherbergt heute das **Dom Museum**. Im weißgetünchten alten Gemäuer wird die Sammlung alter sakraler Kunstwerke und derer aus dem Domschatz von St. Stephan präsentiert. Daneben fand auch die zeitgenössische Kunst aus der Sammlung „Otto Mauer" Platz, der in der zweiten Hälfte des 20. Jhd. Domprediger von St. Stephan war und die Galerie nächst St. Stephan initiierte.

→ Geöffnet Do 10 - 20; Mi, Fr, Sa, So 10.00 - 18.00 (feiertags geschlossen).

Aus dem Durchgang kommend steht man vor der nördlichen Fassade des Domes und dem unvollendeten Nord- bzw. Adlerturm. Neben ihm findet man an der Ostecke des Domes eine barocke Zutat, die **Capistran-Kanzel**. Sie erinnert an Johannes de Capestrano, der im 15. Jhd. als ein wortgewaltiger Wanderprediger aus dem Orden der Franziskaner von Italien aus durch Europa zog. Über Einladung von Kaiser Friedrich III. kam er nach Wien und erhielt bei seinen Bußpredigten, bei denen er manche Unsitte seiner Zeit anprangerte, viel Zulauf und Zuspruch. Sein Wirken bleibt aber insoweit umstritten, als er auch gegen die Türken, die Hussiten und die Juden herzog.

Die Westseite des Stephansplatzes säumen einige Häuser, deren Vorgänger 1945 in Brand gerieten, und von ihnen aus sprangen die Funken auf den Dachstuhl von St. Stephan über. Das wiederaufgebaute Haus auf Nr. 8-8A ist der **Kardinal-Innitzer-Hof**. Er erinnert samt seinem Sgrafitto an den Wiener Erzbischof, der der Katholischen Kirche in der schwierigen Epoche vom Ständestaat bis in die Zeit nach dem Zweiten Weltkrieg vorstand. Wie er sich dem NS-Regime gegenüber verhielt, das wurde rückblickend immer wieder kritisiert und als nicht konsequent genug empfunden. Kardinal Theodor Innitzer hatte sich nämlich zunächst im März 1938 bei der Volksabstimmung nach der Machtübernahme für den Anschluss ausgesprochen. In der Folge ging er auf Distanz zu dem Regime und erhob im Oktober 1938 seine mahnende Stimme bei einer Predigt im Stephansdom. Als dann die Nazis das Erzbischöfliche Palais verwüsteten und Priester verfolgen, erlahmte der Widerspruch, und Innitzer versuchte mit den Mächtigen auszukommen. 1940 ließ er aber auch eine "Hilfsstelle für nichtarische Katholiken“ einrichten, die Fluchthilfe für hunderte Menschen leistete.

Gegenüber vom Kardinal-Innitzer-Hof, an der Westseite des Domes, wird dann der zweite Teil, der Rundgang 4. in Angriff genommen.

4. Zu Meilensteinen christlichen Lebens, zweiter Teil

4.f: Stephansplatz im Advent

4.f: Haus Zum goldenen Becher

f Vom Stephansdom zum Franziskanerplatz

An der Westfassade des Stephansdomes entlanggehend entdeckt man links und rechts vom Riesentor eine Reihe von Grabdenkmälern, die in die Mauer des Domes eingefügt wurden. Unter ihnen finden sich auch solche aus den Jahren nach der Reformation, als viele in Wien dem protestantischen Glauben folgten. Auf den lässt beispielsweise auch der Wunsch zur „fröhlichen Auferstehung“ schließen, wie er an dem Grabstein für die Famile des 1539 verstorbenen Achaz Müllner aufscheint. Den Stein findet man als vorletzten vor der südwestlichen Ecke des Domes.

An dieser Ecke stößt man auch auf ein kleines bronzenes Modell des Domes aus unseren Tagen. Das ließ eine Initiative aufstellen, die den Dom buchstäblich begreifbar machen wollte und das Modell besonders den Kindern und den sehschwachen Menschen widmete.

Viel höher ragt an der gegenüberliegenden Seite das **Churhaus** am Stephansplatz 3 auf. In dem aus dem 16. Jhd. stammenden Gebäude hat die Dompfarre ihren Sitz. Sie ist eine Pfarre im Rahmen der Erzdiözese der Katholischen Kirche, die den Dom betreut. Der ist übrigens auch insofern ein besonderes Gotteshaus, als er sich aus den Einnahmen finanziell selbst erhält.

Der Platz zwischen dem Dom und dem Churhaus, an dem der Stephansplatz heute nahtlos in den Stock-im-Eisen-Platz übergeht, ist meist sehr belebt. Im Advent quillt er fast über, wenn ihn der Weihnachtsmarkt und seine Gäste in Beschlag nehmen. Ansonsten findet man auf der weiten Fläche seines

Pflasters Linien aus weißen und dunklen Steinen. Sie markieren die Umrisse der unter der Oberfläche liegenden Virgilkapelle und der Magdalenenkapelle, die auch während des Baus der U-Bahn entdeckt wurde.

Vor dem Eckhaus am Stock-im-Eisen-Platz 2 treffen die Fußgängerströme von der Kärntner Straße und vom Graben aufeinander. An der Ecke sollte man auch die späthistoristische Fassade des Hauses beachten, das eine Aufschrift auf der Höhe des dritten Stockwerkes als das **Zum goldenen Becher** ausweist. Die Nachbildung eines solchen glänzt in einer Nische, und er war das Hauszeichen des Vorgängerbaus. Es erinnert an die Zeit nach der Reformation, als die Spannungen zwischen den katholischen und den protestantischen Gläubigen auch in Gewalt ausarteten. Ein solcher Vorfall ist von der katholischen Fronleichnamsprozession des Jahres 1549 überliefert. Bei einer solchen Prozession wird die goldene Monstranz mit der Hostie präsentiert, welche die heilige Wandlung symbolisiert, bei der Christus leiblich gegenwärtig ist. Diese Vorstellung lehnten die Protestanten ab, und einer von ihnen ließ sich hinreißen, handgreiflich zu werden. Er entriss dem Priester die Monstranz und warf sie zu Boden. Die Strafe für diese Schandtat war eine drakonische, er wurde verstümmelt und am Scheiterhaufen auf der Gänseweide verbrannt.

In der Singerstraße kommt man bei der Nr. 7 zum Sitz des Ordens der „Brüder und Schwestern vom Deutschen Haus St. Mariens in Jerusalem“, die als Deutscher Orden geläufig sind. Er geht wie der der Johanniter und der Templer als ein geistlicher Ritterorden auf die Zeit der Kreuzzüge zurück und wurde seinerzeit als Spitalsbruderschaft gegründet. Der Orden kämpft längst nicht mehr mit dem Schwert, sondern nur um das Reich Gottes, und er widmet sich weiterhin karitativen Aufgaben. Sein Sitz hat er in Wien im **Deutschordenshaus**, einem großen baulichen Ensemble, das zwei schöne Innenhöfe einschließt. Den ersten erreicht man durch den Torbogen neben der Kirche, unter dem auch der Eingang in das Gotteshaus liegt. Neben ihm ist es eine Tafel, die an eine Begebenheit erinnert, die sich in dem Haus zutrug. In Ihm war der junge Mozart 1781 zu Gast. Er stand damals noch in den Diensten des Salzburger Fürsterzbischofs Graf Colloredo. Mit ihm geriet Mozart in einen heftigen Streit, und es wird berichtet, dass ihn der Küchenmeister mit einem Fußtritt hinauswarf.

Die **Deutschordenskirche** ist ein in ihren Grundzügen gotisches Bauwerk, das auf die hl. Elisabeth von Thüringen geweiht ist. Sie erkennt man auf dem großen Gemälde, das über dem gotischen Flügelaltar hängt und auf dem die Ordenspatrone zu sehen sind. Besonders auffallend sind sogenannten Aufschwör-Schilde der Ritter des Ordens, die man reihenweise an den Wänden aufhing. Heutzutage werden in der Deutschordenskirche täglich Gottesdienste gefeiert, und in den Mauern des Deutschordenshaus wird Gästen eine Möglickeit zur Übernachtung mitten in der Stadt angeboten.

→ Gottesdienste So 9.00. Tagsüber geöffnet.

Eine Skulptur von Christus an der Säule der Geißelung kennzeichnet die Ecke der Singerstraße zum Franziskanerplatz und das wuchtige Gebäude des **Franziskanerklosters**. Seine Front nimmt die ganze Ostseite des Platzes ein. An der Stelle gab es früher ein Büßerinnenhaus, das bekehrte Sünderinnen aufnahm. Die Franziskaner übernahmen das Haus im 16. Jhd. und erneuerten es im 17. Jhd. im Stil der Rennaissance. Seine blaue Fassade fällt besonders mit ihren vielen kreisförmig vertieften Feldern auf, sodass sie auch als die mit den Bläschen bezeichnet wurde. Der Orden der Franziskaner war bereits im 13. Jhd. gegründet worden und ging aus den minderen Brüdern des Franz von Assisi hervor, nach dem er benannt wurde. Seine Mitglieder sind heute überwiegend als Seelsorger tätig, und sie nehmen sich um die Nächsten an. So kümmern sie sich auch um die obdachlosen Menschen, die wochentags an der Pforte eine Jause erhalten. Freitags schenkt ihnen überdies ein Team von helfenden Händen eine warme Suppe im Refektorium aus, dem großen Speisesaal des Klosters, der sich zu einem sozialen Treffpunkt entwickelte.

4.f: Franziskanerplatz, Mosesbrunnen

4.g: Witwe-von-Sarepta-Brunnen

An das Klostergebäude fügt sich die **Franziskanerkirche** an. Ihr barocker Hochaltar, ein Werk von Andrea Pozzo, grenzt den Raum für die Gläubigen vom Betchor für die Mönche ab. In dem blieb, hinter dem Altar versteckt, die Wöckherl-Orgel erhalten, die älteste bespielbare Orgel Wiens. Die prunkvolle barocke Schauseite des Altars birgt auch eine Besonderheit, nämlich die Statue der Madonna im Strahlenkranz, in deren Schulter eine veritable Axt steckt. Diese spätgotische Marienstatue stand laut Überlieferung in einem katholischen Kloster in Böhmen, das in den Besitz einer gräflichen Familie kam, die protestantisch wurde und die Statue vernichten wollte. Sie widerstand aber sowohl dem Feuer als auch dem Versuch, sie zu spalten. So kam die Statue samt der Axt zu den Franziskanern. Die Geistlichen dieses Ordens betreuen die Kirche heute noch und sie zelebrieren täglich Gottesdienste. Der Raum der Kirche wird überdies für Konzerte genutzt.

→ Gottesdienste insb. So 10.00, 11.15, 16.30; Mo bis Sa 10.00, 16.30. Tagsüber geöffnet.

Vor der Eingangsfassade der Kirche liegt der kleine Franziskanerplatz, ein malerischer Fleck in der Altstadt mit dem **Mosesbrunnen** in seiner Mitte. Auf ihm steht eine überlebensgroße Skulptur des mit dem Stab durch die Wüste wandernden Anführers der Schar der Israeliten. An der Rückseite der Brunnensäule plätschert das Wasser aus einem Löwenkopf in das Becken. Der Löwe bezieht sich aber nicht auf die biblische Geschichte von Moses, sondern stammt vom früheren Standort des Brunnens im nahen Haus „Zum grünen Löwen". Am Standbild von Moses selbst fallen die kleinen Hörner an seiner Stirn auf. Mit solchen wurde er in der christlichen Kunst immer wieder dargestellt. Das dürfte auf eine frühe Übersetzung der Bibelstelle zurückgehen, nach der Moses vom Berg, auf dem er Gott begegnete, mit Strahlen um das Haupt zurückkam; diese wurden damals als Hörner missverstanden. Weder dieses Detail noch der Kopf des Löwen sollten aber davon ablenken, dass der Brunnen an das Wunder erinnert, bei dem Moses und sein Volk mitten in der Wüste mit dem lebensspendenden Wasser versorgt wurden.

g Über die Himmelpfortgasse zur Ursulinenkirche

Vom Franziskanerplatz aus begibt man sich in die enge Passage zur Ballgasse, die mit ihrem Pflaster und dem gekrümmten Verlauf ihren jahrhundertalten Charakter bewahrte. Im Haus auf Nr. 8, das nach einer Aufschrift aus dem 18. Jhd. als Herberge für Tischler diente, befand sich früher eines der Ballhäuser in Wien, in denen das Ballspiel ausgeübt wurde, das man als Vorläufer des Tennis bezeichnen kann. Am alten Gasthaus „Zum Blumenstock" und einen jungen Katzenkaffeehaus vorbei kommt man in der Ballgasse 4 zu einem Haus aus dem 18. Jhd., das auf dem Areal des ehemaligen Himmelpfortklosters entstand. Es verfügt über einen hübschen Innenhof mit zwei zylindrischen Stiegenhäuser samt Wendeltreppen. An der Einmündung der Ballgasse in die Rauhensteingasse wiederum trifft man auf die Rückseite des Kaufhauses „Steffl“ und eine Gedenktafel, die daran erinnert, dass das Vorgängerhaus die letzte Wohnadresse von Mozart war. Dort verfasste er sein Requiem. Er war Freimaurer, und im Haus schräg gegenüber, in der Rauhensteingasse 3, findet man den Sitz ihrer Großloge. Auf ihn weist nur das Zeichen des unbehauenen Steines über dem Torbogen hin.

In der Rauhensteingasse 7 wurde ein „Escape Room“ eingerichtet, wie er heutzutage das Gefühl, eingesperrt zu sein, zum spielerischen Nervenkitzel erhebt. Wesentlich ernster war die Lage für jene, die in dem Haus festgehalten wurden, das früher in der Rauhensteingasse 10 stand. Dort befand sich vom 14. bis zum 18. Jhd. das **Diebsschergenhaus**. Das war ein Kriminalgefängnis, in dem die Angeklagten gefoltert wurden, um Geständnisse zu erpressen. Sie wurden buchstäblich auf die Folter gespannt. Eine Art zu foltern war es, sie mit hinter dem Rücken zusammengebundenen Händen aufzuziehen. In dem Haus wurde im 16. Jhd. Elsa Plainacher gequält, eine protestantische Frau, die nach einigen Unglücksfällen als Hexe verfolgt und letztlich verbrannt wurde. In dem Gebäude erlitt auch der Täufer Balthasar Hubmaier die Folter. Auf seine Hinrichtung verweist die Gedenktafel am Dr. Karl Lueger-Platz.

Der Name der Himmelpfortgasse, auf die man beim „Café Frauenhuber“ trifft, geht auf das Nonnenkloster Zur Himmelpforte aus dem 13. Jhd. zurück, das lange Zeit die Prämonstratenserinnen bewohnten. Im 18. Jhd. wurde es aufgehoben, und es lebt im Namen der Gasse fort. Auf einen anderen Orden verweist das Haus in der Himmelpfortgasse 19, das **Haus Franziskus**. Es ist der örtliche Sitz des „Ordo Franciscanus Saecularis“, eines weltlichen franziskanischen Ordens, eines nach der Dritten Regel des hl. Franziskus. Die Orden nach dieser Regel verfolgen nicht weltliche Zwecke, sondern die franziskanischen Grundsätze, aber nicht im Klosterleben, sondern in der Welt ihrer Mitglieder, die im Rahmen ihrer Arbeit und ihrer Familie wirken.

Mit einem wahrhaft weltlichen Zweck wird die Gasse assoziiert, wenn vom Finanzministerium in der Himmelpfortgasse die Rede ist. Es hat seinen Sitz im **Winterpalais** des Prinzen Eugen von Savoyen auf Nr. 8. Das ist ein prunkvoll ausgestattetes Bauwerk, das der Prinz an der Wende des 17. zum 18. Jhd. von den führenden Baumeistern der Barockzeit entwerfen ließ, von Johann Bernhard Fischer von Erlach und von Johann Lukas von Hildebrandt.

Aus der Himmelpfortgasse biegt man in die Seilerstätte ab sowie aus ihr in die Johannesgasse und kommt bei der Nr. 15 zu einem weiteren prächtigen barocken Palais. Auch seine Geschichte ist mit dem Namen Savoyen verknüpft. Um die Mitte des 18. Jhd. kam es in den Besitz der Witwe eines Herzogs von

Savoyen, die es testamentarisch für die Zwecke eines weltlichen Damenstiftes widmete. Dieses **Savoyensche Damenstift** sollte wenig begüterten und verwaisten adeligen Damen ein standesgemäßes Zuhause bieten, für das der Fürst von und zu Liechtenstein das Patronat übernahm. Heute wird das Haus, das die Liechtensteinische Verwaltung betreut, für Büro- und Wohnzwecke vermietet. Wer einen Blick in den Hof werfen kann, beachte den hübschen Brunnen, an dem das Wasser aus dem Krug fließt, den eine Frau in Händen hält. Er gilt unter Verweis auf eine Begebenheit aus dem Alten Testament als der **Witwe-von-Sarepta-Brunnen**. Die Brunnenfigur hielt man für jene arme Witwe in Sarepta, die einer im 1. Buch der Könige geschilderten Begebenheit zufolge mit ihren letzten Vorräten den Propheten Elija bewirtete. Daraufhin wurden ihr Mehltopf und ihr Ölkrug nicht mehr leer. Die Inschrift am Brunnen weist aber auf einen anderen Propheten hin, und die Darstellung auf eine Mehrzahl von Ölkrügen. Es geht also um eine ähnliche Begebenheit, die im 2. Buch der Könige erwähnt ist, nämlich die Begegnung des Propheten Elisa mit der Witwe, die alle ihre Ölkrüge gefüllt erhielt. Der Brunnen ist jedenfalls ein Sinnbild für Gottes reichhaltige Fürsorge und sollte den Willen der Stifterin aufzeigen, dass in diesem Haus verarmte Damen versorgt werden.

In der Johannesgasse 8 befand sich früher der Wiener Sitz der Ursulinen, eines im 16. Jhd. gegründeten Ordens, der sich der Ausbildung von Mädchen widmete. Ihr Konventsgebäude erkennt man an den schmiedeeisernen Fensterkörben und der barocken **Ursulinenkirche**. 1960 bezog der Orden ein neues Domizil in Mauer im 23. Bezirk. Der Bund übernahm das Gebäude in der Johannesgasse, in das die Hochschule für Musik und darstellende Kunst einzog. Ihr Institut für Orgel und Kirchenmusik und seine Studierenden sind es nun, die für die musikalische Ausgestaltung der Gottesdienste in der Kirche sorgen, welche als Rektoratskirche von den Dominikanern betreut wird.

→ Gottesdienste So 10.

h Vom Neuen Markt zur Dorotheergasse

Die Kärtner Straße querend wird der Neue Markt erreicht. Er war von alters her ein Marktplatz, der als Mehlmarkt diente. Im 20. Jhd. hatten ihn die Autos in Beschlag genommen, die den **Donnerbrunnen** umkurvten. Dieses im 18. Jhd. errichtete Werk des Wiener Bildhauers Georg Raphael Donner heißt eigentlich Providentiabrunnen und trägt die Figur der römischen Göttin der weisen Voraussicht. Eine zukunftsgerechte Weitsicht bewies die Stadt Wien damit, dass sie beizeiten Wasser aus dem Umland herbeileiten ließ, um die Wiener Bevölkerung mit Trinkwasser zu versorgen. 2022 wurde der Platz am

Neuen Markt auch teilweise von den Autos befreit und mit einigen Bäumen aufgelockert. Das sind ein paar Platanen und einige zarte Judasbäume. Letztere sind am Mittelmeer und auch in Judäa beheimatet, sie blühen in satt rötlichen Tönen, wie das der prächtige alte Judasbaum im Hof 2 des Alten AKH seit vielen Jahren beweist. Um die deutsche Artbezeichnung rankt sich die Geschichte, wonach sich Judas Ischariot nach seinem Verrat an Jesus an einem solchen Baum erhängt haben soll. Seine Blüten färbten sich daraufhin voller Scham in sattem Rot ein, und die rundlichen Blätter sollen an die Münzen des Schandlohnes erinnern. So lautet die blumige Legende. Im biblischen Bericht wird nur erwähnt, dass sich Judas erhängte.

Satt ockerfarben ist die Fassade der **Kapuzinerkirche** an der südwestlichen Ecke des Platzes. Ihre Fassade zieren ein großes Fresko und ein Kreuz unter dem Giebel. Aus der Nische links vom Eingang scheint ein überlebensgroßer Marco d'Aviano energischen Schrittes hervorzutreten. Er war ein Kapuzinerpater und Bußprediger zur Zeit der Türkenbelagerung von 1683, der mit dem Entsatzheer die Messe am Leopoldsberg feierte, bevor es die Stadt befreite. So wie die Franziskaner und die Minoriten gehören auch die Kapuziner zur franziskanischen Ordensfamilie. Der Ordenname bezieht sich auf die charakteristische Kapuze an der Kutte. Ihre braune Farbe verlieh auch einer Wiener Kaffeespezialität ihre Bezeichnung, dem Kapuziner, der als ein schwarzer Kaffee serviert wird, den ein wenig Schlagobers braun färbt.

Nach Wien waren die Kapuziner im Zuge der Gegenreformation gekommen, wo sie 1622 das **Kapuzinerkloster** mit seiner Kirche errichteten, die sie bis heute betreuen. Das Kloster ist auch ein wichtiger internationaler Standort für die Ordensgemeinschaft, und in ihm wird den bedürftigen Menschen in der Stadt im Winter einmal in der Woche eine Wärmestube angeboten. Bei den Gästen der Stadt sind die Kapuziner aber in erster Linie dafür bekannt, dass sie seit langem die Gruft unter der Kirche hüten, in der jahrhundertelang die Mitglieder des Kaiserhauses bestattet wurden.

→ Gottesdienste So 10.00, 11.30, 16.00; werktags 7.00, 16.00. Bis zum Vorraum zugänglich 8.00 - 12.00, 14.00 - 18.00.

Über die Plankengasse geht es zur Dorotheergasse weiter. In ihr erblickt man bei der Nr. 11 die hebräischen Buchstaben einer zeitgenössischen Lichtinstallation von Brigitte Kowanz, die auf das Haupthaus des **Jüdischen Museums** hinweist. Es wurde im barocken Palais aus der zweiten Hälfte des 18. Jhd. untergebracht, das eine Reihe von Besitzern hatte und heute als das Palais Eskeles bekannt ist. In dem Museum wird die Geschichte der jüdischen Gemeinde in Wien erläutert, und sein Schaudepot enthält die kultischen

Gegenstände aus der Sammlung der IKG. Im Erdgeschoß steht überdies das Café Eskeles zur Verfügung. Dort können auch israelische Gerichte der vegetarischen Küche verkostet werden.

→ Öffnungszeiten So bis Fr 10 - 18.

i Von den evangelischen Stadtkirchen zum Augustinerkloster

Im südlichen Abschnitt der Dorotheergasse kommt man bei der Nr. 16 und der Nr. 18 zu den evangelischen Kirchen der Inneren Stadt. An ihrem Standort befand sich einst das Kloster „Maria, Königin der Engel", das in den 1580er-Jahren für die Nonnen der Clarissen errichtet wurde und als Königinkloster geläufig war. Seine Gründerin war eine weltliche Königin, nämlich Elisabeth, die Tochter des Habsburgers Maximilian II und Ehefrau des französischen Königs Karl IX. Der hatte in Paris die Greuel der Bartholomäusnacht zu verantworten, in der man tausende protestantische Hugenotten ermordete. Bald danach starb der König, und Elisabeth kehrte nach Wien zurück. Als sie das Kloster gründete, setzte sie wohl eine Sühnetat für die Tötung der Hugenotten. Dieses Kloster bestand bis 1781. Dann fiel es den Reformen Joseph II. zum Opfer; derselbe Kaiser erließ auch den Akt der Toleranz, der den Protestanten die private Ausübung ihres Glaubens erlaubte. Einen großen Teil des ehemaligen Klosterareals erwarb Johann von Fries, ein Mitglied der reformierten Gemeinde, der sein Palais errichten ließ, das man heute als das Palais Pallavicini am Josefsplatz kennt. Das Teilstück, auf dem die Klosterkirche stand, erwarben die Lutheraner, während das benachbarte Teilstück an die Reformierten ging. So brachte es der Lauf der Geschichte mit sich, dass das zur Sühne für die Untaten an den protestantischen Hugenotten errichtete Kloster letztlich auch den beiden evangelischen Kirchen zugute kam, und sie wurden zu Nachbarn. Ihre Bethäuser mussten anfangs noch den einschränkenden Auflagen Genüge tun, nach denen sie keine gassenseitigen Eingänge und Türme aufweisen durften. Die waren erst nach der Erlassung des Protestantenpatents erlaubt und wurden im Zuge von Umbauten hinzugefügt, änderten aber nichts daran, dass sich die beiden Kirchen bis heute gleichsam Schulter an Schulter in die Fluchtlinie der Dorotheergasse einfügen.

Die **Reformierte Stadtkirche** entstand als ein Neubau an der Stelle des einstigen Wirtschaftsgebäudes des Königinklosters und wurde von Gottlieb Nigelli entworfen. Er bediente sich der Stilmittel des Klassizismus und fügte in einen hohen Raum mit Tonnengewölbe Wandpfeiler und Pilaster sowie die Orgelempore ein. Der Raum blieb ansonsten schmuck- und bilderlos, ganz nach den Grundsätzen der Reformierten. Das Gebäude wurde in den 1880er-Jahren umgebaut und erhielt seinen Kirchturm sowie eine neue Ausrichtung des Innenraumes. Bei ihr rückten der Tisch für das Abendmahl an die Westseite und die Orgelempore an die Ostseite. In der Kirche werden die Gottesdienste der evangelisch-reformierte Pfarrgemeinde H.B Wien Innere Stadt gefeiert, und auch die für den ungarischen Seelsorgedienst. Gleich neben dem Gotteshaus findet man das Pfarramt und die Räume für das Gemeindeleben.

→ Gottesdienste So 10.00.

4.i: Luth. Stadtkirche, Gottesdienst [Evangel. Pfarrgemeinde A.B. Wien-Innere Stadt]

Die **Lutherische Stadtkirche** wurde in der Kirche des ehemaligen Königinklosters eingerichtet. Der Pfarrhof fand in einem Anbau neben dem schmalen Innenhof Platz, durch den man früher in die Kirche kam, bevor der gassenseitige Haupteingang geschaffen werden durfte. Im Inneren der Kirche blieb der ursprüngliche Grundriss in der Form eines griechischen Kreuzes erhalten. Rundum baute man Emporen ein. Die Ausrichtung wurde insofern gedreht, als der Altar von der Ost- zur Westseite wanderte, an der ursprünglich der Chor situiert war. Aus der katholischen Vergangenheit blieben noch die Kanzel und die Orgel erhalten. Dieses Instrument aus 1808 wurde 2017 rundum erneuert, und es erklingt auch bei Konzerten, für die die ausgezeichnete Akkustik in der Kirche genutzt wird.

Unter der südseitigen Empore hängt eine Gedenktafel für **Caspar Tauber**, einen der Märtyrer in der Anfangsphase der Reformation. Er war ein Tuchhändler, der aus Wiener Neustadt nach Wien kam und die reformatorische Lehre als Laienprediger vertrat. Die Inquisition an der theologischen Fakultät der Wiener Universität klagte ihn an. Er hielt dem Druck stand, weigerte sich zu widerrufen und wurde letztlich vom staatlichen Gericht als Ketzer zum Tode verurteilt. Im Jahr 1524 wurde er am Richtplatz auf der Gänseweide enthauptet.

Die Lutherische Stadtkirche ist der Sitz der evangelischen Pfarrgemeinde A.B Wien-Innere Stadt. Der Pfarrhof wird als Pfarrkanzlei genutzt und für die Aktivitäten der Gemeinde, wie denen für die Kinder oder für ältere Menschen. Bei der Lutherischen Stadtkirche hat überdies der Verein Kindernothilfe seinen Sitz, der von evangelischer Seite gegründet wurde und Hilfsprojekte für Kinder in den ärmsten Regionen der Welt unterstützt.

→ Gottesdienste insb. So 10.00.

An der gegenüberliegenden Seite der Dorotheergasse stand ursprünglich auch ein Kloster samt Kirche, das Dorotheerkloster. Es wurde so wie das Königinkloster im Zuge der Reformen Joseph II. aufgelöst, fand aber keine kirchliche Nachnutzung. An seiner Stelle wurde das Gebäude für das Versatzamt errichtet, das **Dorotheum**, in dem viele Leute in ihrer Notlage Wertgegenstände verpfändeten. Fiel das auf, konnte man schon einmal die verniedlichende Ausflucht hören, das wäre vorübergehend „bei Tante Dorothee“. Heute bietet das Versatz- und Auktionsinstitut Dorotheum in seinen Schauräumen eine Fülle von kleinen und großen Kunstgegenständen aller Art an. An die Zeit des Klosterbetriebes erinnern nur mehr die Bezeichnung als Dorotheum und einige Teile von Grabdenkmälern, die in die Begrenzungsmauer des Hofes eingefügt wurden. Sie stammen aus der Zeit, als die Klosterkirche eine beliebte Begräbnisstätte für Wiener Adelige war.

In der Augustinerstraße trifft man auf die Augustinerkirche und das **Augustinerkloster**. Der Bettelorden der Augustiner-Eremiten wurde im 14. Jhd. an dem Standort angesiedelt, der damals an der Mauer der Stadt und unmittelbar neben der Hofburg lag. Nachdem das Kloster während der Zeit der Reformation in eine Krise geraten war, wurde es in der Zeit der Gegenreformation des 17. Jhd. umstrukturiert, und es stieg zum Hofkloster auf. Ein bekannter Mönch des Ordens war Abraham a Sancta Clara, der die Menschen in seinen gut besuchten Predigten vor ihren Schwächen und zur Umkehr mahnte. In der Regierungszeit Joseph II. gegen Ende des 18. Jhd. kam es zur Aufhebung des Klosterbetriebes. 1951 konnten ihn die Augustiner wieder aufnehmen.

4.i: Dorotheergasse mit den Stadtkirchen

4.i: Augustinerkirche, Tryptichon

Der Eingang in die **Augustinerkirche** liegt an der Ecke zum Josefplatz. Ab dem 17. Jhd. war die Kirche die Hofpfarrkirche für die Mitglieder des Kaiserhauses. In ihr fanden die Hochzeitszeremonien statt, und in der Herzgruft der Loretokapelle sind die Herzen bestattet worden. Inmitten all der Kunstwerke in der Kirche, aus denen das von Antonio Canova gestaltete klassizistische Grabmal für Marie Christine mit seiner großen Figurengruppe hervorsticht, findet man am linken Seitenaltar auch ein Bild aus der jüngsten Vergangenheit. Es ist ein Tryptichon aus 2015, ein dreiteiliges Gemälde, das in der farbigen Bildersprache eines nigerianischen Künstlers auf die Verfolgung von Christen in seiner Heimat hinweist. Über diesen Anlass hinaus mahnt es vor jeglicher Gewalt und soll ein Zeichen für die Freiheit des Glaubens setzen.

Die Pfarre St. Augustin wird weiterhin von den Augustinern betreut, die eine Reihe von Gottesdiensten anbieten. Der am Sonntag Vormittag wird regelmäßig als ein Hochamt zelebriert, bei dem der Chor, die Solisten und das Orchester von St. Augustin die klassische Musik einer Festmesse erklingen lassen. Die Pfarre der Augustinerkirche und die der beiden evangelischen Gemeinden in der Dorotheergasse veranstalten auch gemeinsame ökumenische Gebetsgottesdienste.

→ Gottesdienste So 11.00, 18.30; Di, Do, Sa 18.30; Fr 8.00. Tagsüber geöffnet.

j Von der Augustinerkirche zum Minoritenplatz

Den Josefsplatz mit dem Denkmal für Kaiser Joseph II. flankieren die barocke Nationalbibliothek und der Redoutensaaltrakt der Hofburg. Zwischen ihnen führt ein schmaler Durchgang in den ältesten Teil der Hofburg, den Schweizerhof. Seine Bezeichnung erinnert an die Schweizer Gardisten, die als die päpstliche Wache bekannt sind, aber zur Zeit Maria Theresias auch am Wiener Hof engagiert waren. Vom Schweizerhof aus führt eine Stiege zum Eingang in die **Hofburgkapelle** hinauf. Sie war jahrhundertelang die Kapelle für das Herrscherhaus. Heutzutage kann sie an einigen Tagen unter der Woche gegen Entrichtung einer Eintrittsgebühr besichtigt werden. Im Übrigen ist die Kapelle der Veranstaltungsort für die Konzerte der Hofmusikkapelle, die auch die festliche Sonntagsmesse begleitet, bei der ein Chor der Wiener Sängerknaben mitwirkt.

In der Ecke des Schweizerhofes liegt der Zugang zu der Geistlichen und der Weltlichen **Schatzkammer**. Wer sie besucht, kann als einen ihrer Höhepunkte die Krönungsinsignien des römisch-deutschen Kaiserreiches bestaunen. Seine mittelalterliche Krone trug zuletzt Franz II. aus dem Haus Habsburg-Lothringen und ließ sie im Jahr 1800, als das Reich zu Ende ging, nach Wien bringen. Ein Jahrtausend zuvor hatten die ersten Kaiser des Reiches ihre Legitimation aus der Nachfolge der römischen Kaiser und vom Gottesgnadentum abgeleitet. So kann man auf den vergoldeten Bildplatten auch drei alttestamentarische Vorbilder für die Regentschaft sehen: König Salomo für die Weisheit, König David für die Gerechtigkeit und König Hiskia für das Gottvertrauen. Und auf einer weiterer Platte ist Christus als der Weltenherrscher zu sehen, samt dem Vers aus den biblischen Sprichwörtern, wonach er es ist, durch den die Könige herrschen.

Einen weiteren und ebenfalls in Latein wiedergegebenen Vers aus der Bibel entdecken genaue Beobachter am **Schweizertor**, durch das man in den weiten Hof des Platzes In der Burg kommt. Linker Hand findet man am grauen Teil des Torbogens in knapp einem Meter Höhe eine kleine und verblasste Inschrift samt der Jahreszahl 1660. Ob sie ein Schweizergardist einritzte oder gar der Kaiser selbst in einer Situation der Bedrängnis, das weiß man nicht. Klar erkennbar ist aber das Zitat aus dem Brief von Paulus an die Römer „Ist Gott für uns, wer kann gegen uns sein ?".

Vom Platz in der Burg kommt man durch einen weiteren großen Torbogen nordwärts zum Michaelerplatz. Über ihm ragt der spitze Turm der Michaelerkirche in die Höhe mitsamt seiner hellen klassizistischen Fassade aus dem 18. Jhd. Sie ist einem Gotteshaus vorgesetzt worden, das auf das 13. Jhd.

zurückgeht und damit zu den alten christlichen Kirchen Wiens zählt. Noch weiter in die Vergangenheit lassen einige der Spuren in der Mitte des Platzes blicken, die bei einem Umbau zu Beginn der 1990er-Jahre freigelegt wurden. Wie durch einen großen Sehschlitz sieht man auf die Mauerreste hinunter, deren älteste aus der Lagervorstadt der Römer stammen, die an der Limesstraße lag. Einen weitaus schaurigeren Einblick in die Vergangenheit gewährt die jahrhundertealte Begräbnisstätte unter der Michaelerkirche, die man bei einer Führung durch die Gruft besuchen kann. Sie empfängt die Lebenden mit einem modrigen Geruch und vielen Überresten als Zeugen menschlicher Vergänglichkeit.

In die **Michaelerkirche** gelangt man auch durch den Seiteneingang, der im lauschigen Durchgang rechts neben der Kirche versteckt liegt. Man betritt das Kirchenschiff mit seinen hohen Steinmauern und den romanischen Bauteilen wie den wuchtigen Pfeilern aus dem 13. Jhd. Beim Zugang zur Turmkapelle in der Westecke ist auch ein altes Fresko freigelegt worden, das den Erzengel Michael als den Seelenwäger zeigt. Den zur Zeit der Gotik erweiterten Chorraum füllt ein kunstvoller Hochaltar aus dem 18. Jhd. aus. Über ihm baut sich im oberen Teil ein hohes und helles Relief auf, das die Zeit des Endgerichts veranschaulicht, in der Michael und seine Engel die gefallenen Engel in die Tiefe stürzen. Den unteren Teil umrahmen einige Skulpturen, die die farbige Ikone gleichsam in ihre Mitte nehmen, auf der Maria als die Wegweiserin dargestellt ist.

Zur Zeit der Gegenreformation wurde die Kirche den Barnabiten übergeben, die sie lange betreuten, ehe sie 1923 den Salvatorianern anvertraut wurde, einem im 19. Jhd. entstandenen Orden. Dieser betreut die Kirche bis heute und nutzt das Gebäude des Konvents, das sich hinter der Kirche in der Habsburgergasse befindet und auch die Kanzlei der Pfarre St. Michael enthält. Die sorgt dafür, dass die Kirche auch außerhalb der Gottesdienste bis in den Abend hinein offensteht, um sie allen Vorbeikommenden zum Gebet und zur Andacht anzubieten. Zu einer solchen laden auch die zarten und besinnlichen Klänge ein, die aus dem Chorraum dringen und die Stille untermalen.

→ Gottesdienste So 10.00, 12.00, 18.00; werktags 18.00. Geöffnet Sa, So 8.00 - 22.00; Mo bis Fr 7.00 - 22.00.

Durch die Schauflergasse geht es weiter zum Ballhausplatz. Ihn flankiert an der Ostseite, bei der Nr. 1, der Amalientrakt der Hofburg. Er wurde nach Wilhelmine Amalie benannt, der Witwe von Kaiser Joseph. I., die dort wohnte. Heute werden die Räume dieses Traktes vom Bundeskanzleramt genutzt. Sein barockes Palais steht gegenüber, am Ballhausplatz 2. Das war vor über dreihundert Jahren für die Hofkanzlei errichtet und von Johann Lukas von Hildebrandt gestaltet worden. Es enthielt lange die Staatskanzlei der Monarchie, ehe es die Regierungsspitze der Republik aufnahm. An der Westseite wird es vor dem Zaun des Volksgartens von einem flachen zeitgenössischen Denkmal flankiert, das an die Verfolgten der NS-Militärjustiz erinnert. Es hat die Form eines liegenden X, weil jedes Opfer zu einem anonymen X in einer Akte degradiert wurde.

Nordwärts kommt man zum Minoritenplatz. Er ist nach einem Orden benannt, der auf die minderen Brüder des Franz von Assisi zurückgeht. Der lebte an der Wende vom 12. zum 13. Jhd. und begründete die Ordensbewegung. In ihr kam es im 15. Jhd. zu einer Reform ihrer Regel, welche nur ein Teil der Mitglieder annahm. Die gelten als die Franziskaner, während die, die bei der ursprünglichen Regel blieben, als Minoriten bezeichnet wurden. Nach Wien war der Bettelorden der ersten minderen Brüder bereits im 13. Jhd. gerufen worden, und sie erhielten ein Grundstück an der Stadtmauer, um eine Kirche und ein Kloster zu errichten. Dieses geriet dann zur Zeit der Reformation in eine schwere Krise, bestand aber bis ins 18. Jhd., als es im Zuge der Reformen Joseph II. in das aufgelassene Kloster der Trinitarier an der Alserstraße verlegt wurde. Das Gebäude der **Minoritenkirche** wurde dem Verein der Italienischen Kongregation übergeben, das Kloster übernahm der Staat. Er errichtete an seiner Stelle das Gebäude für das Haus-, Hof- und Staatsarchiv, das man heute am Minoritenplatz 1 findet.

Die Minoritenkirche ist eine gotische Hallenkirche aus dem 14. Jhd. Von dem Kreuzgang des einstigen Klosters sind noch die Arkaden an der Südseite der Kirche übriggeblieben, unter denen man durch einen Seiteneingang in die Kirche kommt. In ihr fällt der Blick an der hohen nördlichen Seitenwand auf ein bekanntes Bild, das **Letzte Abendmahl**, wie es Leonardo da Vinci malte. Seine Darstellung im Stil der Renaissance besticht mit ihrem meisterhaften Bildaufbau. Jesus verweilt als der ruhende Pol im Fokus, während sich die Zwölf in Gruppen und gestikulierend um ihn scharen, als er ankündigt, dass einer von ihnen ihn verraten werde. Das Original ist eine vielbesuchte Attraktion im Refektorium von Santa Maria delle Grazie in Mailand. Napoleon, der es bewunderte, ließ eine Nachbildung aus kleinen Mosaiksteinen herstellen. Die war aber erst fertig, als auch der französische Kaiser am Ende war. Kaiser Franz I. ließ dieses Bild daraufhin nach Österreich holen, und es fand seinen Platz in der Minoritenkirche. Auf ihm sieht man sogar noch mehr als am Original in Mailand, weil dessen unterer Teil bei einem Umbau beschädigt wurde.

Die Italienische Kongregation betreute die Minoritenkirche zwei Jahrhunderte lang, ehe sie die Kirche im Jahr 2021 an die Priesterbruderschaft St. Pius X. übergab. Sie ist eine 1970 in der Schweiz von Erzbischof Marcel Lefebvre gegründete und sehr konservative Gruppierung, welche die Gottesdienste in der Regel im überlieferten römischen Ritus in lateinischer Sprache zelebriert. Der zweite Gottesdienst am Sonntag wird nach wie vor für die italienische Gemeinde gefeiert.

→ Gottesdienste So 8.30, 11.00, 18.00; Mo bis Fr 8.00, 18.00; Sa 8.00. Geöffnet tägl. 8.00 - 19.00.

4.j: Fresko und Darstellung des Letzten Abendmahls in der Minoritenkirche

Der Gründer des Ordens, Franz von Assisi, der in der Kirche auf einem Fresko aus dem 16. Jhd. dargestellt ist, taucht auch als zeitgenössische Skulptur auf, wenn man sie außen an der Nordseite umrundet.

An deren östlicher Ecke steht noch eine moderne Skulptur. Sie erinnert an Leopold Figl, einen der Väter des österreichischen Staatsvertrages von 1955. An der Stelle hat man auch die Reste des einstigen Chorraumes der Minoritenkirche freigelegt. Die kamen im Zuge des U-Bahn-Baus zum Vorschein, so wie die der Virgilkapelle vor St. Stephan. Und mit dieser Parallele soll der Rundgang vom Stephansplatz zum Minoritenplatz auch ausklingen.

5. Am Donaukanal

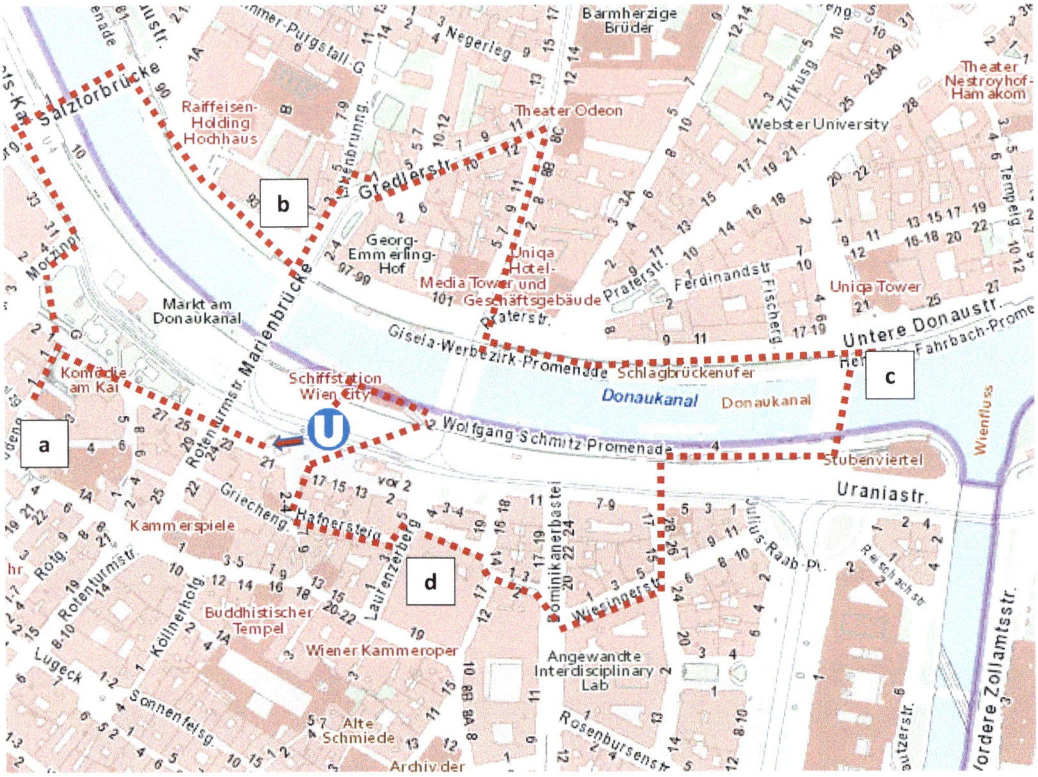

Rundgang 5. [Stadt Wien – ViennaGIS, bearb.]

Der Rundgang ist gleichsam ein Brückenschlag zwischen dem 1. und dem 2. Bezirk, er führt über die Brücken des Donaukanals und zu Spuren christlichen und jüdischen Lebens auf beiden Seiten des Wasserarms.

Ursprünglich, als die verzweigten Arme der Donau noch das Schwemmland östlich der Wiener Stadtterrasse beherrschten, lag der westlichste Arm zu Füßen der Stadt. Er diente lange der Schifffahrt als ihr Weg nach Wien, und er trennte die Innere Stadt von den Vorstädten am östlichen Ufer. Seit die Mauern der Stadtbefestigungen im 19. Jhd. gefallen und die Vorstädte eingemeindet worden waren, ist das westseitige Ufer des Kanals nur mehr die Verwaltungsgrenze zwischen den Bezirken. Die meisten Häuser an seinen Ufern sind nicht sehr alt, viele stammen aus der Zeit des Wiederaufbaus nach den Zerstörungen aus dem Zweiten Weltkrieg, und einige sind moderne Bürobauten. Gewandelt hat sich auch der Charakter des Kanals. Nachdem die Funktion als Transportweg der Schifffahrt zum neuen Bett der Donau abgewandert war, fahren am Kanal nur mehr wenige Schiffe und Boote. Sein Wasser, das früher gelegentlich nach

Kanal roch, wurde von den Abwässern befreit. Heute laden die Wege entlang der Kaimauern zum Radfahren und zum Joggen oder zum Flanieren und zum Verweilen ein. Kurzum, der gute alte Kanal wandelte sich zur Freizeitmeile.

5.a: Ruprechtskirche, Kirchenschiff und Skulptur des hl. Rupert an der Südseite

a Zur Ruprechtskirche

Aus der U-Bahn-Station am Schwedenplatz kommend trifft man am Franz-Josef-Kai 21 auf eine Reihe kleiner Geschäftslokale. Zwischen sie zwängt sich der Eingang zu einem Kellertheater. Über diesem hängt ein graues Reliefbild, das auf die Vorgeschichte des Hauses verweist. Sie ist mit einer Sage aus dem 16. Jhd. verbunden, der vom **Küss den Pfennig**. Demnach stand an der Stelle ein Wirtshaus, in dem der berühmte, aber auch umstrittene Arzt einkehrte, der als Paracelsus bekannt wurde. Er bezahlte nur mit einem Kupferpfennig, den der Wirt geringschätzig wegwarf. Daraufhin forderte ihn Paracelsus auf, den Pfennig doch aufzuheben. Als dies der Wirt tat, erwies sich die Münze als eine aus Gold. Sie war viel mehr wert als der offene Betrag, und der Wirt küsste den Pfennig.

Mit keiner Geschichte, sondern mit Ansichten aus dem alten Wien wird man ein Stück weiter konfrontiert, am Franz-Josefs-Kai 29. Die Ansichten entdeckt man einerseits auf einer Bildtafel in der kleinen Grünfläche an der Ecke dieses Hauses und andererseits hoch oben an der Fassade an der Westseite. Daneben führt die steile Ruprechtsstiege über die Geländekante auf das Niveau der Stadtterrasse hinauf. Von dort oben überblickt die Ruprechtskirche den Wasserlauf, an dem einst die Schiffe mit dem Salz anlegten. Die Kirche trägt den Namen des Patrons der Salzschiffer, des hl. Rupert. Seine Skulptur findet man in einer Nische an der nördlichen Ecke der Kirche. Rupert lebte an der Wende vom 7. zum 8. Jhd. im Fränkischen Reich und war Bischof von Worms. Er machte sich um die christliche Missionierung verdient und wurde nach Salzburg berufen, das ihm der bayrische Herzog anvertraute. Dieses verdankte dem Salz seinen wirtschaftlichen Aufstieg, und so wurde Rupert auch mit einem Salzfass am Arm dargestellt. Auch rund um die Kirche tauchen Erinnerungen an den Salzhandel auf. Beim Salzgries betrieben die Salzer oder Griesler ihren Handel. Die Salzgasse wiederum, die vom Ruprechtsplatz westwärts abzweigt, weist an ihrer Ecke ein Gasthaus namens Salzamt auf. Ein solches Amt hatte es tatsächlich gegeben. Es verwaltete lange Zeit den Handel mit dem aus dem Salzkammergut herbei geschafften Monopolgut Salz, bis er 1824 freigegeben wurde. Als das Amt seine Aufgabe verloren hatte, blieb es noch eine Zeitlang funktionslos bestehen. Darauf geht auch die Floskel zurück, nach der man sich mit einer aussichtslosen Beschwerde „ans Salzamt" wenden möge.

An der Stelle der **Ruprechtskirche** dürfte es schon im 8. Jhd. ein Gotteshaus gegeben haben. Belegt sind die Spuren der Kirche für das 12. Jhd. Aus der Zeit stammen die unteren beiden Geschoße des Turms mit den romanischen Doppelfenstern und das gedrungene Hauptschiff der Kirche. Trotz einiger Veränderungen behielt es seinen Charakter. So kommt man vom südseitigen Eingang her in einen schwach erleuchteten Raum zwischen festen und weiß getünchten Mauern. An der Empore ist ein eingemauerter Stein auszumachen, in den die gotischen Zeichen für 1439 eingraviert wurden. Sie halten das Jahr fest, in dem der spätere Kaiser Friedrich III. als Herzog von Österreich in Wien einzog. Auch sein wohlbekannter Wahlspruch „A E I O U" ist an der Stelle zu lesen. Diese Buchstabenfolge erfuhr im Lauf der Zeit viele Deutungen, von denen einige auf die Blütezeit der habsburgischen Macht anspielen, wie etwa „Alles Erdreich ist Österreich untertan". Eine neuere Erklärung stammt von einem Historiker, der die Buchstaben auf eine Parole Friedrichs zurückführte und als „Amor Electis Iniustis Ordinor Ultor" entschlüsselte, d.h. Geliebt von den Erwählten, gefürchtet von den Ungerechten. Zur Ruprechtskirche passt das in manch einer dieser Deutungen mitschwingende Bewusstsein eigener Größe jedenfalls nicht. Dieses Gotteshaus ist von einer schlichten Schönheit. Und das ist auch die Skulptur aus dem 14. Jhd., die man am vorderen der beiden Pfeiler an der Südseite findet. Sie stellt den hl. Rupert schnörkellos und einfach dar, und seine Hand öffnet sich, um den Segen von Gott zu empfangen.

Im Altarraum sind alte Glasfenster erhalten geblieben, die Maria und die Kreuzigung Jesu zeigen. Die anderen Fenster der Kirche waren im Zweiten Weltkrieg beschädigt worden. Die zeitgenössische Künstlerin Lydia Roppolt, ein

Mitglied der Benediktinischen Laiengemeinschaft, gestaltete sie 1993 neu. Dazu wählte sie für die Nordseite einen Zyklus mit den drei biblischen Szenen von Daniel in der Löwengrube, von Jona im Bauch des großen Fisches und von den Gefährten im Feuerofen. Die Bilder deuten das Geschehen zwar figürlich an, sie drücken aber vor allem die in Farben gegossene Begeisterung über ihr gemeinsames Thema aus: Gott zu loben für die Errettung aus größter Not.

Die Ruprechtskirche wird von einem vom Bischof eingesetzten Rektor betreut. Die regelmäßigen Gottesdienste für die Gemeinde werden samstags gefeiert. Mittwochs gibt es eine Abendveranstaltung mit Gebeten und Liedern seitens der ökumenischen Taizé-Bewegung, die viele junge Leute anspricht. Eine alljährliche Veranstaltung sind die Bedenktage Mechaye Hametim (der die Toten auferweckt). Dabei erinnert man sich in der Kirche, die so nahe beim jüdischen Stadttempel liegt, der Novemberpogrome von 1938. Ansonsten bietet sich unter der Woche jeweils für einige Stunden die Gelegenheit, die Kirche zu besuchen. Es sind die Freiwilligen der Gemeinde, die sie offenhalten, und diese Zeiten werden jeweils auf der Webseite ausgewiesen.

→ Gottesdienste Sa 17.00 (im Juli und August 18.00).

b Zur Taborstraße und dem Leopoldstädter Ufer

Über die Stiege wieder hinabgestiegen wendet man sich dem Morzinplatz zu. Der Nachkriegsbau des Leopold-Figl-Hofes bei der Nr. 4 steht an der Stelle, an der sich zuvor das elegante Hotel Métropole befand. Es wurde zur Wiener Weltausstellung errichtet und landläufig auch als das jüdische Sacher tituliert. In der NS-Zeit beschlagnahmt hatte in dem Haus die berüchtigte Gestapo ihren Sitz samt einem Gefängnis, in dem auch der Bundeskanzler Kurt Schuschnigg und Louis Nathaniel von Rothschild gefangen gehalten wurden. Inmitten der kleinen Grünfläche vor dem Leopold-Figl-Hof wurde ein **Mahnmal** für die Opfer des Faschismus zur NS-Zeit errichtet, mit einem Granitblock aus Mauthausen und einer Bronzefigur. Sie steht stellvertretend für das Leid derer, die in die Konzentrationslager gesperrt wurden, für die vielen jüdischen Opfer und für die politisch Verfolgten.

Auf der Salztorbrücke quert man den Kanal und die Grenze zum 2. Bezirk. Bei schönem Wetter kann man vom westseitigen Brückengeländer ein Stück der Freizeitmeile und ihrer Einrichtungen überblicken. Beim „Neni am Wasser", einem Lokal, in dem Gerichte aus der israelischen Küche angeboten werden, genießen einige die Sonne im Liegestuhl oder sie lauschen abends der Musik. Ein Stück weiter drängt sich das Schützenhaus mit seinen markanten wellenförmigen Kacheln ganz ans Ufer. Otto Wagner entwarf es zu Beginn des 20. Jhd. Es diente damals der Wehranlage der Kaiserbadschleuse, die abgetragen wurde und nur die wenig attraktiven Mauern am gegenüberliegenden Ufer hinterließ. Aus der Not eine Tugend machend sind auf ihnen die Schwimmenden Gärten angelegt worden, eine kleine Parkanlage am und über dem Wasser.

Auf der Leopoldstädter Seite der Salztorbrücke stößt man an der Oberen Donaustraße auf eine kleine Plastik mit einem Bohrturm, die an die Wiener OPEC-Zentrale erinnert. Heute erhebt sich an der Stelle das Raiffeisen-Hochhaus mit seiner beeindruckenden Glasfassade. Nebenan, bei der 95, steht der Büroblock des IBM-Zentrums, und vor ihm liegt die **Marienbrücke**. Sie wurde zu Beginn des 20. Jhd. erbaut, im Zweiten Weltkrieg zerstört und dann wiederaufgebaut. Den Namen verlieh ihr die dekorative Marienstatue, die von der Mitte der Brücke auf den Verkehr herabblickt.

Zwischen der östlichen Ecke des IBM-Gebäudes und dem Georg-Emmerling-Hof, einem Gemeindebau aus den 1950er-Jahren, den einige Standsteinreliefs zieren, erreicht man die Lilienbrunngasse. Dort befand sich im 19. Jhd. das **Dianabad**. Es war mehr als nur ein Bad, denn seine Schwimmhalle konnte man im Winter in einen Konzert- und Tanzsaal verwandeln. In ihm erklang bei einer Veranstaltung des Wiener Männer-Gesangsvereins erstmals die berühmte Walzer-Melodie von Johann Strauß, deren erster Text über die Wiener, die froh sein sollen, in Vergessenheit geriet. Mit den Zeilen über die so blaue Donau erlangte er dann Weltruhm. Heute gibt es kein Dianabad mehr. Das, das zuletzt unter diesem Namen in der Lilienbrunngasse 7-9 betrieben wurde, schloss seine Pforten.

An der gegenüberliegenden Seite der Gasse findet man einen kleinen Park. Er erhielt den Namen des Schriftstellers **Manès Sperber**, der einer aus Galizien eingewanderten jüdischen Familie entstammte und seine Jugend in Wien verbrachte. Durch den Park und die kurze Schoellerhofgasse hindurch erreicht man die Gredlerstraße und geradewegs die Taborstraße.

Diese war in der Zeit gegen Ende des 19. und zu Beginn des 20. Jhd. noch vom hohen jüdischen Bevölkerungsanteil der Leopoldstadt geprägt. Die nannte man daher auch die Mazzesinsel, nach der Mazze als dem ungesäuerten Fladenbrot, mit dem die Israeliten damals bei der biblischen Flucht aus Ägypten das Auslangen finden mussten und das die Juden zur Erinnerung daran zum Pessach-Fest essen.

Einige pointiert formulierte Eindrücke aus der Zeit der vielen jüdischen Spuren in der Leopoldstadt hinterließ uns der aus einer galizischen Familie stammende Schriftsteller Joseph Roth in seinem Essay über die „Juden auf Wanderschaft“, der 1927 erschien. Darin bemerkte er beispielsweise: „Viele

Cafés sind auch in der Taborstraße. Es sind jüdische Cafés. Ihre Besitzer sind meist jüdisch, ihre Gäste fast durchwegs. Die Juden gehen gerne ins Kaffeehaus, um Zeitung zu lesen, Tarock und Schach zu spielen und Geschäfte zu machen. Juden sind gute Schachspieler. Sie haben auch christliche Partner. Ein guter christlicher Schachspieler kann kein Antisemit sein."

Heute stößt man in der Taborstraße zunächst auf das Gebäude der Börse für landwirtschaftliche Produkte auf Nr. 10, einen Bau vom Ende des 19. Jhd. Sein Saal wird vom Ensemble des Serapions Theaters unter dem Namen des Odeons bespielt. Jenes war wiederum ein Theater des 19. Jhd., das abbrannte.

Bei der Nr. 5 der Taborstraße 5 entdeckt man einen Fingerzeig aus unseren Tagen. Über der amtlichen Hausnummer hängt dort auch eine Tafel mit den hebräischen Buchstaben für die Taborstraße. Sie war als ein Kunstprojekt erdacht worden und tauchte vor einigen Jahren, ohne bewilligt worden zu sein, am Eckhaus in der Taborstraße 18 auf. Dort entfernt fand sie schließlich, nachdem sich eine Facebook-Initiative für sie einsetzte, eine Bleibe am Haus in der Taborstraße 5.

5.b: Tafel am Haus Taborstraße 5

5.b: Design-Tower Richtung Stephansdom

Im Übrigen sind es die beiden markanten hohen Bauten, die den Beginn der Taborstraße kennzeichnen. Sie sind einander zugeneigt und bilden gewissermaßen ein Tor zum 2. Bezirk. Der westseitige ist der Media-Tower, den Hans Hollein konzipierte, und der ostseitige der Design-Tower des französischen Architekten Jean Nouvel. Er beherbergt in seinen oberen Geschoßen das Hotel Sofitel Vienna, während die unteren Etagen ein Zentrum für Start-Up-Unternehmen beinhalten. Er bietet auch den reizvollen Eindruck einer optischen

Brücke über den Kanal, indem die abgeschrägte und mit Platten verkleidete Fläche am unteren Teil des Towers an die Dachschräge des Domes anzuknüpfen scheint, der das Häusermeer der Inneren Stadt überragt.

Auch von der nahen Schwedenbrücke aus blickt man zur Inneren Stadt hinüber, an deren Ufer die schnittig konstruierte Schiffsstation andockte, die 2010 errichtet wurde. Von ihr aus verkehren sowohl Rundfahrtschiffe als auch die Boote des Twin City Liners zwischen Wien und Bratislava. Der Rundgang folgt aber dem Leopoldstädter Ufer, dem man über die Promenade entlang der Kaimauer ostwärts folgt. Dort hat sich eine kleine Freiluftgalerie etabliert, die einige Skulpturen und Graffiti der Street-Art bietet, wie sie heute die Wandflächen an den Mauern und den Brücken des Donaukanals prägen. Bevor man zum innerstädtischen Ufer wechselt, kommt man noch am imposanten gläsernen Büroturm des Uniqa-Tower an der Unteren Donaustraße 21 vorbei. Seine Silhouette beeindruckt vor allem am Abend, wenn die Leuchtstäbe an der Fassade ein Lichterspiel in den Himmel zeichnen.

c Über die Aspernbrücke zum Laurenzerberg

Den Kanal über die Aspernbrücke querend erreicht man die **Urania**. Sie wurde als ein Volksbildungshaus samt Sternwarteturm zu Beginn des 20. Jhd. erbaut und von Max Fabiani, einem Otto-Wagner-Schüler, entworfen. Dem Standort am Donaukanal entsprechend wählte er für den Grundriss den eines Schiffes, und der Turm erinnert an den dicken Schlot eines Dampfschiffs. Vom uferseitigen Café-Restaurant aus lässt es sich auch wie von einer Reling über das Wasser blicken. Entlang der westseitigen Kaimauer erreicht man tatsächlich ein Schiff am Wasser, das Badeschiff. Es bietet eine Bar und einen Pool an Bord, in dem man sich im Sommer mitten in der Stadt abkühlen kann. An der Kaimauer gegenüber blickt einem ein originelles Graffito entgegen, das sich knapp über dem Wasserspiegel behauptet. Es stellt den Kopf eines Tauchers dar, der mit einem Strohhalm aus dem Kanal trinkt. Das weckt eine Assoziation zu einer Begebenheit, über die in den 1980er-Jahren berichtet wurde. Damals wollte ein Wiener Stadtrat die Effizienz der großen Kläranlage demonstrieren, die auch Abwässer verarbeitet, die früher in den Donaukanal flossen. Und so trank er vor den Augen der Öffentlichkeit einen Schluck gereinigten Abwassers. In der Gerüchteküche wurde hämisch vermerkt, dass er bald danach erkrankt sein soll.

Vom Franz-Josefs-Kai kommt man über die Biberstraße zum Georg-Coch-Platz. Dort trifft man auf zwei große Bauten vom Beginn des 20. Jhd. Sie stehen einander nicht nur örtlich, sondern auch stilistisch gegenüber: das historistische Regierungsgebäude am Stubenring und das Postsparkassenamt, das Otto

Wagner im Jugendstil gestaltete. Um letzteres herum geht es durch die Wiesingergasse zur Dominikanerbastei und am Gebäude der ehemaligen Postverwaltungszentrale vorbei durch die Augasse sowie durch die Postgasse zum Laurenzerberg. Diese Gasse verdankt ihren Namen der dem hl. Laurenz gewidmeten Kirche und dem seinerzeitigen Nonnenkloster, das unter Joseph II. aufgelöst wurde und ansonsten keine Spur hinterließ.

d Zum Hafnersteig

In westlicher Richtung zweigt die schmale Gasse des Hafnersteigs ab, dessen südseitige Häuserzeile einst zu Füßen der Stadtbefestigung lag. Dort waren die Hafner ansässig, die Handwerker, die Öfen und Kamine bauen und denen die Gasse ihren Namen verdankt. Bei der Nr. 8 trifft man auf die Hinterseite des Gebäudeensembles der griechisch-orientalischen Kathedrale zur hl. Dreifaltigkeit, die zum Fleischmarkt hin ausgerichtet ist. Am Hafnersteig liegt der Eingang zu ihrer **Kapelle** Zum hl. Johannes **Chrysostomos**. Dieser lebte im 4. Jhd., war der Patriarch von Konstantinopel und ein großer Kirchenlehrer, der sich um eine Liturgie in der jeweiligen Muttersprache verdient machte. Die ihm geweihte Kapelle wurde 2018 eingerichtet und dient der deutschsprachigen Gemeinde. Der intime Raum im Kellergeschoss ist im byzantinischen Stil und mit einer Reihe farbenfroher Fresken auf blauem Grund ausgeschmückt. Unter dem Gewölbe sind die großen Heilstaten Gottes dargestellt, an den Seitenwänden einige Heilige, die auf den Altarraum zuzugehen scheinen, und im Vorraum findet man den Bilderzyklus eines alten Marienlieds, des „Hymnos Akathistos".

→ Gottesdienste Sa 9.00; Mo bis Mi 7.00; Do, Fr 8.00.

5.d: Hafnersteig, Blick auf die Kirche St. Georg und die Stiege zur Griechengasse

Eine Statue der katholischen Marienverehrung zeigt sich am Eckhaus bei der Nr. 6. Neben ihm kommt man zur griechisch-orientalischen Kirche Zum hl. Georg hinauf, über eine Stiege, an deren Stützmauer ein Bild aus keramischen Fliesen noch einmal an den Berufsstand der Hafner erinnert.

5.c: Graffito am Kanal

5.d: Schiffsstation am Schwedenplatz

Am verkehrsreichen Schwedenplatz angelangt, empfiehlt es sich, die Schiffsstation auf ihrem Oberdeck zu überqueren. Aus dieser Perspektive ist die ganze Szenerie am Kanal gut zu überblicken, bevor man zur U-Bahn-Station zurückkehrt.

6. Durch das Karmeliterviertel

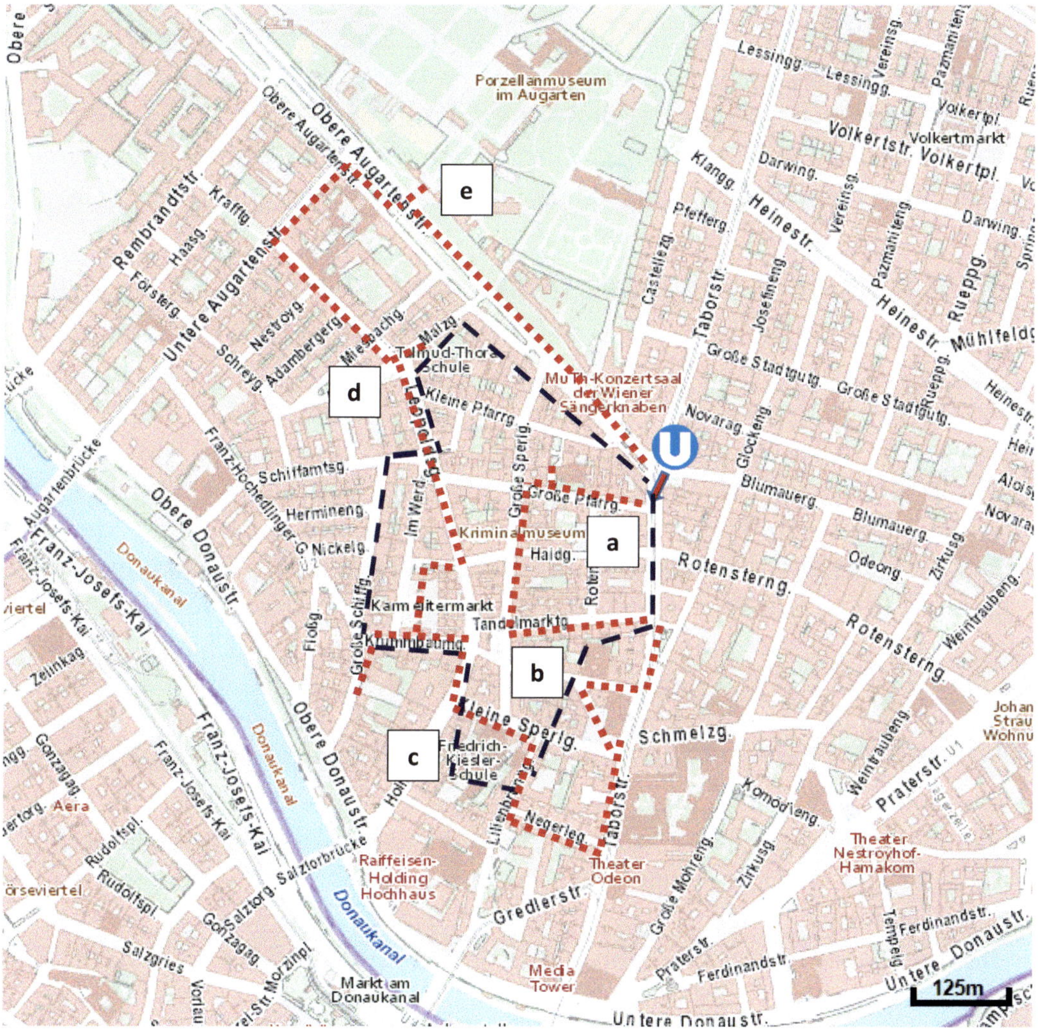

Rundgang 6. [Stadt Wien – ViennaGIS, bearb.]

Der 2. Bezirk liegt zwischen dem Donaukanal und der Donau. Vor ihrer großen Regulierung in den 1870er-Jahren war das ein Gebiet auf Inseln inmitten der Wasserläufe des Stromes, ein von Überflutungen bedrohtes Schwemmland. Auf der als Unteres Werd bezeichneten Insel siedelten sich im 17. Jhd. die Karmeliter und die Barmherzigen Brüder an, und am Werd wurde auch die kleine Stadt für die jüdische Bevölkerung angelegt, die aber 1670 wieder vertrieben wurde. Die Vorstadt wurde dann zur Leopoldstadt. Sie wurde 1850 gemeinsam mit der benachbarten Jägerzeile und dem Gelände des Praters als 2. Bezirk in das Wiener Stadtgebiet eingegliedert. Damals gehörten zum 2. Bezirk auch noch die im Norden angrenzenden Siedlungen der Brigittenau und von Zwischenbrücken, die im Jahr 1900 zum 20. Bezirk zusammengefasst wurden. Vom ursprünglichen 2. Bezirk wurde auch die Siedlung Kaisermühlen abgetrennt, die bis zur Donauregulierung noch am Westufer, danach aber am Ostufer lag, sodass man sie dem 22. Bezirk zuordnete.

Die erste Runde im 2. Bezirk führt zu den christlichen Gotteshäusern und Niederlassungen sowie zu den jüdischen Spuren in dem Teil des Bezirks, der heute als das Karmeliterviertel bekannt ist.

a Zur Leopoldskirche und durch die einstige Judenstadt

Der Ausgangspunkt ist die U-Bahn-Station der Linie 2 an der Taborstraße. Durch die Große Pfarrgasse kommt man in den Bereich, der am Kartenausschnitt blau strichliert umrissen ist und in dem zwischen 1624 und 1670 die **Judenstadt** bestand. Sie lag nach dem heutigen Straßenverlauf zwischen der Taborstraße im Osten, der Kleinen Pfarrgasse im Norden, der Leopoldsgasse und der Großen Schiffgasse im Westen sowie der Krummbaumgasse, der Kleinen Sperlgasse und dem Karmeliterplatz im Süden. Das Ausmaß geht aus einem Lageplan hervor, wie er im Jüdischen Museum ausgestellt und auch im Internet verfügbar ist. Diese Judenstadt war ein Ghetto außerhalb der Stadt, aber auch unweit von ihr und den jüdischen Geschäften in der Stadt, die man über die Schlagbrücke erreichte. Die Wohnsiedlung am Unteren Werd wurde von einer Mauer umfasst und auch geschützt. Anfangs enthielt diese Judenstadt kaum mehr als ein Dutzend kleiner Häuser. Sie wuchs aber auf über hundert an, in denen ein- bis zweitausend Personen lebten. Die jüdische Gemeinde verfügte dort über ihre Einrichtungen und ihre Synagoge. Als die Gemeinde größer wurde, baute man eine zweite, eine Neue Synagoge, die in dem Bereich stand, in dem sich heute die Große Pfarrgasse zum Alexander-Poch-Platz weitet.

An seiner Ecke grüßt ein wienerisches Lokal namens „Leopold“ samt seinem Sitzgarten und weist gleichsam den Weg zur **Leopoldskirche**. Diese wurde erbaut, nachdem man 1670 die Juden aus Wien vertrieben und ihre Synagoge abgerissen hatte. Zuvor hatte es einen Brand in der Hofburg gegeben, den man den Juden in die Schuhe schob. Die Frau von Kaiser Leopold I. machte die Juden sogar dafür verantwortlich, dass sie keinen Sohn zur Welt bringen konnte. Die antijüdische Stimmung wurde überdies von kirchlicher Seite mit den Predigten von Leopold Karl Graf Kollonitsch angefacht, der damals Bischof von Wr. Neustadt war. Letzten Endes verfügte der Kaiser, dass die jüdische Bevölkerung die Stadt verlassen musste. Die Stadtverwaltung übernahm die Häuser, und die neue Kirche wurde an der Stelle der Synagoge erbaut. Man weihte sie dem hl.

Leopold. Sie wurde einige Jahre später, bei der Türkenbelagerung von 1683, zerstört und wieder aufgebaut. Ihr barockes Inneres lässt noch immer den quadratischen Grundriss erkennen, den die Synagoge hatte, und über dem Portal prangt bis heute eine lateinische Aufschrift über die Einweihungsfeier von 1671. In dem Text sind die Ehrengäste erwähnt, die an der Feier teilnahmen, aber auch unverblümt die Tatsache, dass man die Hebräer vertrieben hatte und die zerstörte Synagoge in eine Kirche umwandelte.

Gegen Ende des Zweiten Weltkrieges erlitt das barocke Kirchengebäude schwere Schäden. So musste auch das Bild am Hochaltar, das den hl. Leopold zeigt, durch eine Kopie ersetzt werden. In den Jahren nach dem Krieg und zur Zeit der Wiederherstellung der Kirche war Alexander Poch zu ihrem Pfarrer bestellt. Davor, in der NS-Zeit, diente er als Pfarrverweser. Damals konnte er vielen Juden und anderen Verfolgten helfen, auch wenn das Regime seine Abberufung forderte und ihn vorübergehend inhaftierte. Der Platz um die Kirche wurde 1969 ihm zu Ehren als Alexander-Poch-Platz benannt. Heute ist die Pfarrgemeinde von St. Leopold eine im Pfarrverband An der Taborstraße, zu dem auch die Pfarren von St. Josef und Am Tabor gehören.

→ Gottesdienste So 8.00, 9.30, 11.00; Di, Sa 19.00; Do 18.30. Ansonsten tagsüber bis zum Vorraum geöffnet.

An die Leopoldskirche fügt sich an der Nordseite ihr Pfarrhof an, mit der Pfarrkanzlei und den Räumen für die Veranstaltungen der Pfarre, die etwa für die Kinder oder für die älteren Menschen angeboten werden. Beim Eingang zum Pfarrhof findet man die Gedenktafel, die auf das Wirken von Alexander Poch hinweist. Ein Gedenkstein an der Südseite der Kirche erinnert wiederum an Pfarrer Johann Baptist Weber. Er wirkte zu Beginn des 19. Jhd. in St. Leopold und setzte sich im Rahmen seines sozialen Engagements dafür ein, einfachen Leuten beim Ansparen von Geld zu helfen. So wurde er 1819 zum Mitbegründer des Vereins der Ersten Österreichischen Spar-Casse in der Leopoldstadt, die anfangs in den Räumen des Pfarrhofes betrieben wurde, ehe der Verein in den 1. Bezirk umzog.

Aus der Große Pfarrgasse in die Große Sperlgasse abgebogen, erreicht man die Hauptstraße der einstigen Judenstadt. Ihr Gemeindehaus befand sich dort, wo in der Folge das Seifensiederhaus erbaut wurde. Es wurde beim Ansturm der Osmanen 1683 schwer beschädigt und danach wiederhergestellt. Dieses Haus auf Nr. 24 verfügt über einen idyllischen Pawlatschenhof, aber auch Schauriges in seinen Kellergewölben. In ihnen findet man das **Kriminalmuseum**, das die Geschichte der Verbrechen und des Strafvollzuges dokumentiert. Dort werden u.a. die mittelalterlichen Hexenverfolgungen erläutert, und auch das vereitelte Attentat von 1853 wurde nachgestellt, bei dem ein ungarischer Schneidergeselle mit dem Messer auf Kaiser Franz Joseph losging. Den Attentäter richtete man auf der Simmeringer Haide hin, während zum Dank dafür, dass der Kaiser fast unverletzt blieb, die Votivkirche erbaute wurde.

An der Kreuzung der Großen Sperlgasse und der Tandelmarktgasse liegt ein kleiner Platz mit ein paar Bäumen. Er trägt den Namen des 2011 verstorbenen Wiener Musikers Ludwig Hirsch, der vor allem mit seinen „dunkelgrauen Liedern" in Erinnerung bleibt. Einen farbigen Akzent setzt hingegen das Graffito an der hohen Feuermauer, das beim Street-Art-Festival Calle Libre 2018 entstand. Die Tandelmarktgasse mündet an der Stelle westwärts in den Karmelitermarkt.

6.a: Tandelmarkgasse beim Karmelitermarkt und Mauerrest der Judenstadt

Wenn man ihr ostwärts folgt, kommt man bei der Nr. 5 zu dem Büro, das der **Koordinierungsausschuss** für christlich-jüdische Zusammenarbeit unterhält. Dieser Ausschuss besteht aus christlichen und jüdischen Mitgliedern und engagiert sich in seiner Tätigkeit und mit seinen Veranstaltungen dafür, das Verständnis zwischen Christen und Juden zu fördern. Im Büro in der Tandelmarktgasse gibt es auch eine reichhaltige Fachbibliothek.

→ Geöffnet grundsätzlich Mo, Do 9.00 - 12.00.

Ein Relikt aus den Tagen der Judenstadt des 17. Jhd. versteckt sich gegenüber, in der Tandelmarktgasse 8. Wer eine Gelegenheit erhält, einen Blick in den kleinen Hof des Hauses zu werfen, kann in ihm ein Teilstück der steinernen Umfassungsmauer bestaunen, das erhalten blieb. Eine stilisierte Ansicht der Judenstadt zeigt sich am Haus in der Tandelmarktgasse 20. An seiner Fassade brachte man nämlich ein Mosaik an, auf dem die kleine Siedlung am Ostufer Kanals dargestellt wurde, samt der Schlagbrücke und der großen befestigten Stadt an der Westseite.

b Um die Karmeliterkirche

In die Taborstraße zurückgekehrt umrundet man die Karmeliterkirche, zunächst entlang der Karmelitergasse. Bei der Nr. 9 steht das Amtshaus der Leopoldstadt, in dem auch das **Bezirksmuseum** seinen Platz fand. Es enthält eine Reihe von Schaubildern zur Entwicklung des Bezirks. Eines der Themen ist das der konfessionellen Vielfalt, und so kann man dort einen Überblick über die im Bezirk vertretenen Kirchen und Religionsgesellschaften sowie ihre einzelnen Standorte und damit auch die vielen Spuren christlichen und jüdischen Lebens gewinnen.

Weiter geht es über den Karmeliterplatz, um den sich einige gastliche Lokale ansiedelten. Zwei von ihnen schmiegen sich bei der Nr. 1 aneinander, das Tachles, ein Kulturcafé, und das Harvest, das sich der veganen Küche verschrieb. Vor ihnen stehend erblickt man die **Karmeliterkirche** in ihrer vollen Größe. Sie war einst die Kirche des Klosters der Karmeliten, die es im 17. Jhd. gründeten. Die Wurzeln des Ordens reichen viel weiter zurück, bis zum Berg Karmel an der Küste Israels. Dort lebten in der vorchristlichen Zeit der Prophet Elija und seine Jünger sowie in der frühchristlichen Zeit Mönche in der Einsiedelei. Sie mussten den Berg im 13. Jhd. verlassen und zogen nach Europa. Nach Wien kamen sie im 14. Jhd. und hatten ihr Kloster Am Hof. Im 16. Jhd. bildete sich innerhalb der Ordensbewegung der Zweig der Unbeschuhten Karmeliten heraus. Sie trugen nur Hanfsandalen und folgten den strengen Regeln, wie sie Theresa von Avila und Johannes vom Kreuz betonten. Dieser Ordenszweig war es auch, der sich im Zuge der Gegenreformation am Unteren Werd niederließ, bis sein Kloster zu Ende des 18. Jhd. den Reformen Joseph II. zum Opfer fiel und abgerissen wurde. Während die Karmeliten in der Döblinger Silbergasse ein neues Zuhause fanden, blieb ihr Kirchengebäude in der Leopoldstadt bestehen und beherbergt heute die katholische Pfarrgemeinde von St. Josef, die zum Pfarrverband an der Taborstraße gehört. In ihr werden nicht nur die regelmäßigen Gottesdienste für die Pfarrgemeinde gefeiert, sondern auch samstägliche Abendmessen für die spanische Gemeinde.

→ Gottesdienste So 9.30, 19.00; Mo, Mi, Fr 19.00. Anbetung Mo und Mi 8.00 - 18.45.

Östlich des Karmeliterplatzes und an der Taborstraße liegt das Kloster der **Barmherzigen Brüder**. Dieser Orden war im 16. Jhd. in Spanien gegründet worden. Am Unteren Werd siedelte er sich im Jahr 1614 an und richtete ein Krankenhaus ein. Das erste Gebäude wurde bei der Belagerung von 1683 zerstört und danach im barocken Stil neu aufgebaut. Es umschließt auch die **Klosterkirche**, die auf Johannes den Täufer geweiht wurde. Eine Inschrift beim Eingang verweist auf den Komponisten und Musiker Joseph Haydn, der in den 1750er-Jahren eine Anstellung bei den Barmherzigen Brüdern gefunden hatte und in ihrer Kirche wirkte. Als er in der Folge in die Dienste des Fürsten Esterházy in Eisenstadt eintrat, blieb er den Barmherzigen Brüdern auch dort verbunden und widmete seine Kleine Orgelsolomesse dem Ordensgründer Johannes von Gott. Messen werden heutzutage bei den Barmherzigen Brüdern sowohl in der Krankenhauskapelle als auch täglich in der Klosterkirche gefeiert.

→ Gottesdienste (Klosterkirche) So 8.00; Mo bis Fr 5.55; Sa 6.30. Ansonsten tagsüber bis zum Vorraum geöffnet.

6.b: Platz vor der Karmeliterkirche [CC0]

6.b: Apotheke der Barmh. Brüder

In dem langgestreckten Trakt an der Taborstraße 16 hat die österreichische Provinz des Ordens ihren Sitz, und in dem Trakt befindet sich auch die **Apotheke**, die bereits 1625 gegründet wurde. Die Apotheke diente dem Betrieb des Krankenhauses und ist heute mit einer öffentlichen Apotheke verbunden. In deren Verkaufslokal, das man von der Taborstraße her betritt, kann man einige Arzneischränke bewundern, die aus dem 18. Jhd. stammen, und einige Ölbilder über ihnen. Sie zeigen Motive wie den barmherzigen Samariter und den Ordensgründer Johannes von Gott bei der Versorgung eines Kranken, also Akte der tätigen Nächstenliebe, der sich die Barmherzigen Brüder verschrieben.

Nebenan, in der Taborstraße 12, liegt das Hotel Stefanie, das sich als das älteste Hotel in Wien bezeichnet, weil sein Betrieb bis zum Jahr 1600 zurückreichen soll. Seit 1881 trägt es den Namen von Stefanie von Belgien, der von Kronprinz Rudolf verlassenen Gattin.

c Einige Einrichtungen orthodoxen Judentums

Dem Hotel gegenüber zweigt die Negerlegasse ab, die zur Lilienbrunngasse führt. In ihr und in etlichen anderen Gassen des Karmeliterviertels trifft man auf Spuren orthodoxer Juden, wie sie das Bild der Leopoldstadt gegen Ende des 19. und bis zu den Verfolgungen der NS-Zeit stark mitgeprägt hatten. Heute sind sie wieder präsent, seit sich vor einigen Jahrzehnten jüdische Familien ansiedelten, die besonders aus den Ländern der ehemaligen Sowjetunion einwanderten. So kommt man an einigen kleinen Synagogen und Schulen vorbei sowie an Restaurants und an Geschäften, die koschere Speisen und Lebensmittel anbieten, also jene, die den jüdischen Speisegesetzen entsprechen und als erlaubt gelten. Besonders am Schabbat kann man den jüdischen Männern in ihrer traditionellen dunklen Kleidung begegnen, welche die Synagogen und Bethäuser aufsuchen. Und hier und da ist noch ein kleiner, schräg am Türpfosten angebrachter kapselförmiger Behälter zu entdecken, eine Mesusa. Sie enthält ein eingerolltes Stück Pergament mit dem Gebet „Sch'ma Israel" über den ewigen und einzigen Gott und Abschnitten aus der Tora. Der Mesusa wird auch eine schützende Symbolik beigemessen, so wie Gottes Schutz einst in Ägypten jenen Häusern galt, deren Türpfosten die Israeliten mit dem Blut des Lammes gekennzeichnet hatten.

Die Gebäude in der Lilienbrunngasse 17 bis 19 enthalten eine Jeschiwa (Akademie für rabbinische Studien) und eine Synagoge, die der Religiöse Kultur- und Bildungsklub **Ohel Moshe** (Zelt Mose) betreibt. Die Bezeichnung „Ohel Moshe" findet man auch am Schild der Bäckerei gegenüber auf Nr. 18. Die bietet koschere Produkte wie die zopfförmigen Challa-Brote für den Schabbat an, aber auch Kaffee und süßes Gebäck. Ein Sortiment koscherer Lebensmittel führt überdies der kleine Supermarkt „La Mehadrin", den man ein paar Häuser weiter an der Ecke der Lilienbrunngassee zur Kleinen Sperlgasse findet.

In dieser Gasse trifft man auf ein großes Schulgebäude und in seinem Hof bei der Nr. 2A auf jene öffentliche Volksschule, an der eine Aufschrift an die berüchtigte Sperlschule der NS-Zeit erinnert. Sie diente damals unter dem zynischen Titel einer „Zentralstelle für jüdische Auswanderung" als das größte Sammellager für die Deportation.

6.c: Mesusa (z.B.) [Chenspec, CC BY-SA 4.0] 6.c: Große Schiffgasse, SalztorZentrum

Nordwärts gelangt man über die Hollandstraße und die Krummbaumgasse in die Große Schiffgasse, die auf den Donaukanal zuläuft, auf dem einst der Schiffsverkehr abgewickelt wurde. Bei der Nr. 10 decken Planken eine Freifläche ab, die heute von Autos verparkt wird und die früher der Standort der **Schiffsschul** war. Bei ihr handelte es sich um eine Vereinssynagoge, die von der zweiten Hälfte des 19. Jhd. bis zu ihrer Zerstörung im Jahr 1938 ein Zentrum des ultraorthodoxen Judentums in Wien war, vor allem für Juden, die aus Ungarn zuwanderten. In der Nachkriegszeit versuchte eine Initiative, die Schiffsschul neu zu errichten. Das Vorhaben stieß aber auf interne Unstimmigkeiten und blieb stecken. So klafft in der Großen Schiffgasse nach wie vor die Lücke, die die alte Schiffsschul hinterließ. Ihr Nebengebäude auf Nr. 8, das vormalige Verwaltungsgebäude der Schiffsschul, steht noch, und in dem sind die kleinen Synagogen von zwei orthodoxen Vereinen eingerichtet worden.

Gleich gegenüber, in der Großen Schiffgasse 3, trifft man auf eine christliche soziale Institution, das **SalztorZentrum**. Das betreibt die Heilsarmee, eine Bewegung, die zu Ende des 19. Jhd. in England entstand und die international aktiv ist. Sie will das Evangelium Hand-in-Hand mit der praktischen Hilfe für Notleidende verkünden und verfügt über einige Hilfsprojekte in Wien. Das Haus in der Großen Schiffgasse bietet sie als ein „Chancenhaus“ an, als ein Übergangswohnheim für obdachlose Männer, in dem sie eine Bleibe finden und unterstützt werden, damit sie das Leben wieder selbst meistern.

d Vom Karmelitermarkt durch die Leopoldsgasse

Aus der Großen Schiffsgasse in die Krummbaumgasse zurückgekehrt, geht es weiter über den Karmelitermarkt. Er war im 17. Jhd. kurz nach der Vertreibung der Juden entstanden und fand damals am Platz vor der Karmeliterkirche statt. Zu Beginn des 20. Jhd. übersiedelte der Markt auf seinen heutigen Standort. An dem findet man eine Gruppe von Ständen, und einige gastliche Lokale zwischen ihnen. Eines namens „Tewa“ (Natur) verarbeitet Produkte aus biologischem Anbau und bietet Speisen der israelisch-orientalischen Küche. Der nordwestliche Teil der Marktfläche steht unter der Woche leer. Samstags füllt er sich aber mit den mobilen Aufbauten des Bauernmarkts. Der entwickelte sich zu einer beliebten Einrichtung im Grätzel, und so kann es schon vorkommen, dass die Leute Schlange stehen, um die Spezialitäten zu ergattern. Am Nordrand steht das Marktamtsgebäude, und an seiner Rückseite hängt eine Gedenktafel für Alfred Ochshorn. Er war ein jüdischer Student, der im Widerstand gegen den Faschismus kämpfte und im KZ Mauthausen ermordet wurde.

6.a: Ludwig-Hirsch-Platz

6.d.: Karmelitermarkt

Aus dem Haus schräg gegenüber, dem in der Haidgasse 1, dringen gelegentlich einige Töne aus dem Fenster. Die kommen aus der Jehuda Halevi **Musikschule**, in der besonders die Lieder und die Melodien jüdischer Tradition gepflegt werden.

In der Leopoldsgasse 29 taucht eines der Lichtzeichen auf, die an die zerstörten Synagogen erinnern. Dort stand vor dem Novemberpogrom von 1938 die **Polnische Schul**, ein Bauwerk mit einer zwiebelförmigen Kuppel, das gegen Ende des 19. Jhd. vom Verein Beth Israel (Haus Israel) errichtet wurde.

An der nächsten großen Straßenkreuzung zweigt nordwärts die Malzgasse ab. In ihr befand sich vor der NS-Zeit ein weiteres Bethaus samt einer Schule. Heute gibt es dort wieder eine jüdische Schule, die **Talmud-Tora-Schule** für Knaben des streng orthodoxen Israelitischen Tempel- und Schulvereins Machsike Hadass (Festiger des Glaubens).

Die Ecke der Malzgasse zur Leopoldsgasse nimmt ein großer Gemeindebau aus den 1950er-Jahren ein, der Theodor Herzl-Hof, der nach dem Vordenker des Zionismus benannt wurde. Schräg gegenüber verweist ein Schild in der Leopoldsgasse 10 auf das islamische Zentrum der Bosniaken in Wien, und ein paar Schritte weiter fällt das Haus Leopoldsgasse 4 dadurch auf, dass es jüngst mit schrillen bunten Vögeln behübscht wurde.

Zart kolorierte kleine Vögel findet man hingegen am Schild gegenüber, bei der Nr. 1A, dem Standort der christlichen Privatschule des **Campus St. Elisabeth**. Auf seinen Schulzweck verweist auch das Relief über dem Portal, das die Worte von Christus veranschaulicht, doch die Kinder zu ihm kommen zu lassen. Der Campus St. Elisabeth umfasst eine Volksschule und einen Kindergarten, die vom Schulverein der Schulschwestern vom 3. Orden des hl. Franziskus betrieben werden. Diese im 18. Jhd. gegründete Kongregation ist eine nach dem Typus Dritter Orden, wie ihn Franziskus gründete, um auch jene einzubeziehen, die sich nicht dem ehelosen Klosterleben anschließen wollten, sondern ihr christliches Wirken im Rahmen ihrer Arbeit und Familie umsetzen wollten. In späteren Jahrhunderten schlossen sich dieser dritten Ordensregel auch Gemeinschaften von Nonnen an, die Schulen oder Krankenhäuser betreiben wollten. Eine von ihnen ist die Kongregation der Schulschwestern in Wien, die seit dem 19. Jhd. sowohl über den Standort St. Franziskus im 3. Bezirk als auch über das Schulgebäude in der Leopoldsgasse verfügt.

Dieses ist nach der hl. Elisabeth von Thüringen benannt, die im 13. Jhd. lebte, aus Ungarn stammte und den Landgrafen von Thüringen heiratete. Nach seinem Tod zeigte sie ein großes soziales Engagement, gründete ein Spital und arbeitete in der Pflege mit. Sie wurde heiliggesprochen und gilt als ein Vorbild für die christliche Hilfe zugunsten der Armen und Kranken, und sie ist auch die Patronin einiger katholischer Einrichtungen in Wien.

e Zum südlichen Teil des Augartens

Zum Campus St. Elisabeth gehört überdies noch eine Mittelschule. Ihren Eingang erreicht man um die Ecke, in der Oberen Augartenstraße 34.

Diese breite Straße war einst die Dammstraße am südlichen Rand des Jagdgeländes, das im 18. Jhd. zum Augarten umgestaltet wurde. Seinen Haupteingang kündet an der gegenüberliegenden Seite der Straße der große Torbogen aus der Zeit Joseph II. an. Dieser Kaiser war es, der den Garten 1775 öffentlich zugänglich machte und als einen „Erlustigungs-Ort" für alle Menschen widmete. Hinter dem Torbogen ist das im 17. Jhd. erbaute barocke Schloss Augarten zu erkennen, das seit 1923 der Sitz jener Manufaktur ist, deren edles Porzellan den Augarten als Markennamen bekannt machte. Die großflächigen Grünanlagen des Gartengeländes sind meist sehr belebt, und auch die Rasenflächen dienen nicht nur der Zierde, sondern werden gerne benützt. So kann die barocke Gartenanlage weiterhin ihrer Widmung gerecht werden und der allgemeinen Erlustigung dienen.

Jenen, die Lust und Laune verspüren, selbst gärtnerisch tätig zu werden, werden heute einige Beete an der südseitigen Gartenmauer entlang der Oberen Augartenstraße angeboten. Dort können sie nach dem Slogan des Urbanen Gartenbaus auf einigen Quadratmetern in der Stadt ihr eigenes Gemüse anbauen. Und bei der Nr. 1C stößt man auf noch ein schlossartiges Gebäude im Gartengelände, das Augartenpalais, das auch im 17. Jhd. erbaut wurde. In ihm ist seit 1948 ein weiteres Markenzeichen Wiens untergebracht, der Chor der Wiener Sängerknaben. Das benachbarte Konzertgebäude hingegen ist jüngeren Datums. Es ist der moderne Pavillon des Hauses für Musik und Theater, das unter dem Kürzel MuTh bekannt ist und dessen grauer Kubus sich seit 2012 in die südliche Ecke des Gartens am Augartenspitz einfügt.

Ein paar Schritte weiter schließt sich der Kreis des Rundgangs, indem man den Ausgangspunkt an der U-Bahn-Station Taborstraße erreicht.

7. Um die Praterstraße

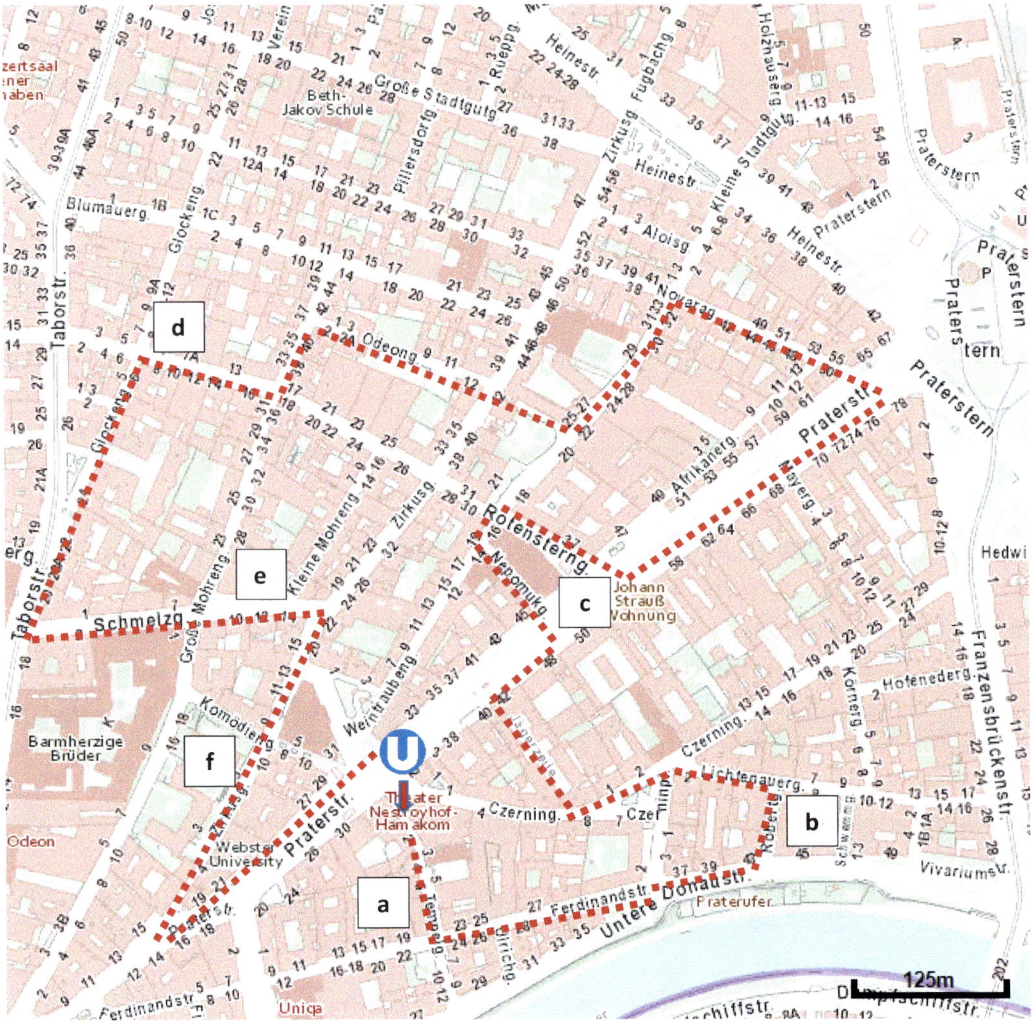

Rundgang 7. [Stadt Wien – ViennaGIS, bearb.]

Die Route durch die Viertel an den beiden Seiten der Praterstraße ist eine, die von der U-Bahn-Station der Linie 1 am Nestroyplatz ausgeht und zu einigen Stätten des christlichen und des jüdischen Lebens führt.

a Zum Leopoldstädter Tempel

Der Nestroyplatz liegt an der Praterstraße, die die Innere Stadt geradewegs mit dem Prater verbindet. Als dieser noch ein Jagdgebiet war, hieß der Straßenzug Jägerzeile, ehe er ab 1862 zur Praterstraße wurde. Sie entwickelte sich zu einer guten Wohngegend und zog einige prominente Persönlichkeiten an. Heutzutage ist sie eine von prächtigen Platanen gesäumte Straßenachse, unter der die U-Bahn fährt und auf der nun sowohl für die Autos als auch für die Fahrräder eigene Fahrstreifen eingerichtet wurden.

Am Nestroyplatz wendet man sich der Czerningasse zu und erreicht den **Nestroyhof**. Er wurde 1898 erbaut und von Architekt Oskar Marmorek gestaltet. Er entstammte einer aus Galizien eingewanderten jüdischen Familie und war ein Weggefährte Theodor Herzls in der Bewegung des Zionismus. Der Nestroyhof war bis zur NS-Zeit ein Veranstaltungszentrum mit mehreren Betrieben, in dem auch Theater gespielt wurde. Nach einer Revitalisierung des Hauses für kulturelle Zwecke gibt es seit 2009 wieder ein Theater im Nestroyhof, das Theater Hamakom (Ort). Es knüpft an die jüdische Tradition an und richtet seinen Spielplan auf zeitgenössische Themen aus.

Südwärts verläuft die Tempelgasse, die auf den Leopoldstädter Tempel hinweist. Dieser stand seit 1858 in dieser Gasse und wurde in der NS-Zeit fast gänzlich zerstört. Von ihm blieb nur eines seiner beiden Seitengebäude erhalten, das in der Tempelgasse 3. Heute benutzt es der österreichische Zweig der **Agudas Israel**, einer internationalen jüdischen Bewegung toratreuer Juden. Ihre Mitglieder sind streng orthodox. Ihrer Herkunft und Tradition nach werden sie den Aschkenasim zugeordnet, also jenen, deren Wurzeln in europäischen Staaten liegen. Die Agudas verfügt in der Tempelgasse über eine Synagoge und eine Talmud-Tora-Volks- und Mittelschule sowie über eine Mikwe mit dem Eingang in der Czerningasse 4.

Im 19. Jhd. war der **Leopoldstädter Tempel** eine der beiden großen Synagogen der IKG in Wien. Sie ließ ihn drei Jahrzehnte nach dem Stadttempel errichten, als die Baubeschränkungen Joseph II. bereits gefallen waren. Zu der Zeit kamen viele Juden aus dem Osten der Monarchie nach Wien, und das spiegelte sich auch in dem Ausmaß des Tempels, der die Gasse unübersehbar beherrschte. Ihn hielt Rudolf von Alt auf einer seiner meisterhaften zeitgenössischen Wiener Ansichten fest. Entworfen hat den Tempel Ludwig von Förster, einer der führenden Architekten der Ringstraßenära. Er bediente sich der Formen des romantischen Historismus und gestaltete eine Fassade aus Tonziegeln und mit orientalischen Ornamenten. Die Pfeiler, die in die Höhe ragten, sollten an die Säulen des Tempels in Jerusalem erinnern, der im 1. Jahrtausend v.Chr. unter König Salomo erbaut und von den Babyloniern zerstört wurde. Den Tempel in der Leopoldstadt vernichteten 1938 die Nazis, und an seiner Stelle stehen vier weiße Säulen, die 1998 als Mahnmal errichtet wurden und das Ausmaß des Tempels in Erinnerung rufen. Das Gebäude, das den frei gebliebenen Platz dahinter säumt, enthält das Psychosoziale Zentrum ESRA der IKG, eine Therapieeinrichtung für die Opfer der Verfolgung bzw. deren Nachkommen. An dem gassenseitigen Zaun sind einige Schautafeln zur Vorgeschichte angebracht worden, auf denen etwa auch auf das jüdische Kinderheim und das Kinderspital hingewiesen wird, die in der NS-Zeit in den Seitengebäuden des Tempels untergebracht waren. Vor dem Zaun steht eines der Lichtzeichen des Gedenkprojektes der IKG, und am Zaun finden sich einige der Steine der Erinnerung, die an der Stelle den Beginn des Weges der Erinnerung in der Leopoldstadt markieren.

7.a: Leopoldstädter Tempel 1860 [Rudolf von Alt] und Mahnmal in der Tempelgasse

An der Ecke der Tempelgasse zur Ferdinandstraße, an der sich lange Zeit eine Greißlerei mit Produkten aus Israel gehalten hatte, stößt man auf eine der wenigen Baulücken im dicht verbauten Grätzel. Sie wird von einem kleinen Park gefüllt, dessen Anflug von Idylle die Sicherheitsorgane trüben, die an der Kreuzung postiert sind. Sie bewachen die Einrichtungen des jüdischen Lebens, die auch im Haus Tempelgasse 7 zu finden sind, in dem das **Sefardische Zentrum** eingerichtet wurde.

Die sefardischen Juden bzw. die Sephardim sind der Herkunft und Tradition solche, deren Vorfahren ursprünglich auf der Iberischen Halbinsel lebten. Von dort waren sie Ende des 15. Jhd. vertrieben worden, bevor sie sich in Ländern des Orients und im Südosten Europas ansiedelten. Die größte Gruppe von ihnen ist die der Bucharen, deren Bezeichnung sich von der Stadt Buchara in Usbekistan ableitet. Es gibt aber auch Gruppen von georgischen und kaukasischen Juden. Insgesamt soll es sich in Wien um 3000 Personen handeln. Viele Sephardim waren aus dem Süden der ehemaligen Sowjetunion über Wien nach Israel ausgewandert und kehrten nach Wien zurück. Im Sefardischen Zentrum in der Tempelgasse stehen sowohl eine Bucharische als auch eine Georgische Synagoge zur Verfügung.

b Zur Robertgasse

Aus der Tempelgasse in die Ferdinandstraße abbiegend lässt man den kleinen Park hinter sich. Er wurde nach **Veza Canetti** benannt, zu deren ehemaligem Wohnhaus man bei der Nr. 29 kommt. Sie war eine Schriftstellerin jüdischer Abstammung, die bis 1934 in der Ferdinandstraße lebte. Dem jüdischen Leben in ihr setzte sie ein literarisches Denkmal in dem Roman „Die gelbe Straße“. In diesem schilderte sie in einigen Episoden das Leben der Menschen aus unterschiedlichen Schichten, wie sie damals in der Trafik, im Kaffeehaus oder in der Greißlerei aufeinandertrafen.

Durch die Ferdinandstraße kommt man über die Untere Donaustraße in die Robertgasse. Ihre Ostseite beherrscht der wuchtige Bau des Roberthofes der Architekten August Sicard von Sicardsburg und Eduard van der Nüll, die als die Gestalter der Wiener Staatsoper bekannt sind. Gegenüber verweist bei der Nr. 2 ein kleines Türschild auf die Synagoge der **Or Chadasch** (Neues Licht). Sie ist die 1990 gegründete Gruppierung des Reformjudentums und versteht sich als eine mit einer weltoffenen Haltung. Sie tritt für eine vollkommene Gleichstellung der Frauen ein und die liberale Ausrichtung innerhalb der IKG. Ihre moderne Synagoge befindet sich in den Räumen einer umgebauten ehemaligen Druckerei und wird von der kleinen metallenen Tafel mit der stilisierten Menora, dem siebenarmigen Leuchter angekündigt.

Aus der Robertgasse kommt man über die Lichtenauergasse und einen kleinen dreieckigen Platz in die Czerningasse. An den Häusern auf Nr. 6 und 7 hängen Gedenktafeln für zwei Vertreter der Wiener Schule der Psychotherapie, die jüdischer Abstammung waren und in der Zwischenkriegszeit in der Czerningasse lebten. Das waren einerseits **Viktor Frankl**, der Begründer der Logotherapie und der Existenzanalyse, und andererseits **Alfred Adler**, der als der Begründer der Individualpsychologie gilt. Frankl wurde in der NS-Zeit ins KZ deportiert und überlebte. Adler, der zu den Evangelischen konvertierte, wanderte 1934 in die USA aus.

Beim Haus Czerningasse 7A gibt es einen Durchgang, der zur Praterstraße führt. In seinem ersten Hof weist ein Wandbild auf eine alte Märchengeschichte hin, die vom **Schab den Rüssel**. Das ist eine derer, in denen es um einen Pakt mit dem Teufel geht. Nach einem solchen soll ein Bettler ein zauberhaftes Reibeisen erhalten haben, das er am Mund schabte. Dabei kam er, wenn auch schmerzhaft, zu Goldstücken, die aus dem Mund fielen. Bevor der Teufel am

Ende als seinen Lohn die Seele einkassieren konnte, gelang es dem reich gewordenen Bettler, den Fürsten der Finsternis zu überlisten und den Spieß umzudrehen: Der Bettler schabte am Mund des Teufels, bis dieser den Pakt zurückgab.

c Zur Nepomukkirche und entlang der Praterstraße

Aus dem Durchgang kommt man zur Praterstraße und sie querend zur **Nepomukkirche**. Sie tritt mit ihrem schlanken Turm aus der Häuserreihe hervor und ist ein Bauwerk aus der Zeit des frühen Historismus, das 1782 eingeweiht wurde. Im dreischiffigen Innenraum findet man an den Seitenwänden die großen Freskobilder eines Kreuzweges. Sie zeigen rundum verlaufend die Stationen des Leidensweges Jesu, und das in dramatisch aufgebauten Szenen. Joseph Führich schuf diese Bilder um die Mitte des 19. Jhd. Er war ein Mitglied des Lukasbundes, einer Gruppe von Malern, die sich biblischen Themen verschrieb. Sie versuchten auch selbst so auszusehen, wie man sich Jesus vorstellte. Sie kamen mit wallenden Gewändern einher, trugen Bart und hatten lange, gescheitelte Haare. Man nannte sie die Nazarener. Als solche waren auch die ersten Christen bezeichnet worden, wie das in der Apostelgeschichte überliefert ist.

Das große Gemälde am Hochaltar stellt Nepomuks Aufnahme in den Himmel dar. Unter ihm stehen die Skulpturen biblischer Stammväter, und neben ihnen die Propheten des Alten Testaments sowie führende Kirchenlehrer. Die Strenge dieser Figuren wird von einigen bunten Bildern aus unseren Tagen aufgelockert. Sie finden sich an der rechten Wand über dem Taufbecken und an der linken Wand in der Ecke, die für die Kinder der Kirche eingerichtet wurde, welche sich auch als eine Familienkirche versteht.

→ Gottesdienste So 9.30, 19.30; Di 8.00; Mi, Fr 18.30; Sa 18.00. Geöffnet So 9.00 - 20.00; Mo, Di, Do 8.00 - 18.00; Mi, Fr 8.00 - 19.00; Sa 9.00 - 19.00.

An der Südseite der Kirche verläuft die schmale Nepomukgasse, in der sich die Pfarrkanzlei von St. Johann Nepomuk an das Gotteshaus schmiegt. Gegenüber, bei der Nr. 2 sind es wieder farbige Bilder, die ins Auge springen. Sie zeigen die Umrisse einiger Kinder, die man an die Fassade eines ansonsten grauen Hauses malte, um die **Evangelische Volksschule Leopoldstadt** anzukündigen. Diese verfügt auch über einen Kindergarten und einen Hort. Und wenn die Kinder aus dem Haus strömen, dann wird es lebhaft in der schmalen Gasse, die ansonsten eher verschlafen wirkt.

Aus ihm kommt man an der Hinterseite der Nepomukkirche in der Weintraubengasse zur Kreuzung mit der Rotensterngasse. Auf diese blicken von der einen Ecke eine Muttergottes und von der anderen ein Relief des Christophorus herab, und in der Rotensterngasse 37 entdeckt man auch ein Wandbild mit Szenen von der Jägerzeile.

7.c: Nepomukkirche, die Kinderecke und das Taufbecken

7.c: Evangelische Volksschule Leopoldstadt

In die Praterstraße und an ihre Ostseite zurückgekehrt taucht unter den Platanen bei der Nr. 52 eine kleine Auslage mit islamischer Literatur auf, die auf die Al Hidaya Moschee der Islamischen Vereinigung in Österreich hinweist. Am Haus Nr. 54 sind es die rot-weißen Fähnchen der Stadt Wien, die auf eine ihrer Sehenswürdigkeiten aufmerksam machen. Das ist Haus, in dem der Walzerkönig **Johann Strauß** Sohn von 1863 bis 1870 wohnte und in dem er seinen Donauwalzer schuf. Heute sind die Räume der großbürgerlichen Wohnung als Außenstelle des Wien Museums zu besichtigen. Die Musikerdynastie der Familie Strauß hatte insoweit jüdische Wurzeln, als der Großvater von Johann Strauß Vater ein aus Ungarn stammender Jude war, der zum Christentum übertrat, was man in der NS-Zeit zu vertuschen suchte. Johann Strauß Sohn wohnte an der Praterstraße mit seiner ersten Frau Jetty, die früh verstarb. Als er sich später von seiner zweiten Frau Lili scheiden lassen wollte und eine weitere Heirat mit Adele anstrebte, stand dem das damalige Eherecht entgegen, das dem der Katholischen Kirche entsprach. So nahm er die Bürgerschaft von Sachsen-Coburg und Gotha an und trat zum evangelischen Glauben über; er wurde nach seinem Tod auch in der Evangelischen Stadtkirche A.B. eingesegnet.

In der Praterstraße 56 wohnte **Gabor Steiner**, ein aus einer jüdischen Familie stammender Theaterdirektor und Unternehmer. Gegen Ende des 19. Jhd. ließ er im Prater in Zusammenarbeit mit Oskar Marmorek den Themenpark Venedig in Wien errichten. Das war ein Gelände für Theater- und Musikveranstaltungen, in dem das Stadtbild Venedigs nachgebaut wurde, samt Kanälen, auf denen Gondeln verkehrten. Der Park hatte aber keinen langen Bestand und wurde zu Beginn des Ersten Weltkriegs abgebaut. An sein Thema erinnert in der Praterstraße 70 noch der **Dogenhof**, ein dem venezianischen Ca' d'Oro nachempfundener Bau, auf dem auch der Markuslöwe angebracht wurde. In dem Lokal, das heute in seinem Erdgeschoß betrieben wird, kann man an der Decke des Saales noch den golden verzierten Stuck vergangener Tage sehen.

In der Praterstraße 72 erinnert eine Gedenktafel an Gabor Steiners Vater **Max Steiner**. Dieser wurde in dem Haus geboren und komponierte vor dem Ersten Weltkrieg in Wien einige Operettenmelodien, ehe er in die USA auswanderte und ein Großer der Filmmusik wurde. Von ihm stammen auch einige Melodien für weltbekannte Filme wie „Casablanca“ oder „Vom Winde“ verweht.

d Zur Taborstraße

Die Praterstraße nochmals querend gelangt man in die Novaragasse und durch sie zur Weintraubengasse zurück. Bei ihrer Nr. 25-27 öffnet sich die Gasse zu einer grünen Fläche mit einigen Bäumen und einem Kinderspielplatz, dem Rosa-Jochmann-Park. Am Eckhaus zur Odeongasse sind auch ein paar bunte Mosaikbilder an der Wand zu sehen, die auf den einstigen Zirkus Renz verweisen, und zwischen zwei Wohnhäuser an der Westseite des Parks fügte man eine neuzeitliche Konstruktion ein, um luftigen Raum für Balkone zu gewinnen.

Der Odeongasse folgend kommt man zu einem weiteren grünen Flecken, auf dem vor dem Haus Nr. 2A eine metallene Büste an den Musiker und

Komponisten **Alexander Zemlinsky** erinnert, der vor dem Ersten Weltkrieg als Dirigent an den Wiener Theater- und Opernhäusern arbeitete. Gegen Ende des 19. Jhd. hatte er in der Odeongasse gewohnt und wuchs in der sefardischen Gemeinde auf. Sie verließ er in der Folge und konvertierte zu den Evangelischen. In der NS-Zeit musste er dennoch emigrieren.

Aus der Odeongasse in die Große Mohrengasse abgezweigt, stößt man an ihrer Kreuzung mit der Rotensterngasse bei deren Nr. 16 auf ein Restaurant namens „Mazzes Insel", das mit Gerichten der koscheren Küche wirbt. Es wird von einer sefardischen Familie betrieben. Neben dem Restaurant gibt es auch das kleine Lokal „Schalom Food" für jene, die einen raschen kleinen Imbiss bevorzugen.

Über die Glockengasse erreicht man die Taborstraße. Sie weitet sich zu einer zwickelartigen und vom Verkehr umbrandeten kleinen Freifläche, die seit 2016 als **Lancplatz** benannt ist. Damit erinnert sie an den Amtsarzt Arthur und seine Frau Maria Lanc, die sich in der NS-Zeit für die jüdischen Zwangsarbeiter im niederösterreichischen Gmünd einsetzten und drei von ihnen vor der Deportation retten konnten. Das steinerne Denkmal in der Mitte des Platzes gilt Julius Ofner, der einer jüdischen Familie aus Böhmen entstammte und sich um die Wende vom 19. zum 20. Jhd. als Rechtsgelehrter und Abgeordneter verdient machte.

Bei der Nr. 20a ragt das Schild für das **Chabad House** in die Taborstraße, in dem eine Synagoge unserer Tage steckt. In seinem Eingangsbereich sind in einer Vitrine einige Judaica ausgestellt wie die eine oder andere Kippa. Das ist jene flache und runde kleine Kopfbedeckung, welche jüdische Männer zum Zeichen der Ehrfurcht und Demut vor Gott tragen.

Bei der Chabad, die in dem Haus ihr Gemeindezentrum hat, handelt es sich um eine chassidische Bewegung, eine mystisch-fromme Tradition des osteuropäischen Judentums. Sie ging vom Glauben der einfachen Leute aus und wird nach dem Dorf ihres Ursprungs im heutigen Weißrussland als Lubawitsch bezeichnet. Mittlerweile hat sie ihr Zentrum in New York, und sie ist auch in Wien mit einigen Einrichtungen vertreten.

e Um den Johannes-von-Gott-Platz

7.b: Robertgasse 2, Menora-Zeichen am Eingang

7.e: Johannes-von-Gott-Platz

Das Nebeneinander von Spuren, die von der Vielfalt der Konfessionen in der Leopoldstadt zeugen, verdichtet sich, wenn man neben dem Chabad House von der Taborstraße in die Schmelzgasse abbiegt. In ihr kommt man zunächst am „Mea Shearim“ vorbei, einem Restaurant, dessen Bezeichnung zwar auf das ultraorthodoxe Viertel von Jerusalem hindeutet, das sich aber als modern koscher versteht und nach der asiatischen Küche ausrichtet. Bei der Nr. 3 passiert man das buddhistische Diamantweg-Zentrum Wien, und an der nächsten Kreuzung liegt der Haupteingang zum christlichen **Krankenhaus der Barmherzigen Brüder** und seinem Erweiterungstrakt.

Der kleine Platz davor ist nach dem Gründer des Ordens benannt, nach Johannes von Gott. Er war ein Portugiese, der bürgerlich Joào Duarte Cidade hieß und im 16. Jhd. in Spanien lebte. Als Berufung verspürte er, den Menschen zu dienen, indem er ein Spital mit einer besseren Pflege gründete, als er sie selbst erfahren hatte. Sein Motto lautete also „Gutes tun und es gut tun!“. Die Einrichtung von Krankenhäusern wurde auch zu einer Kernaufgabe des von ihm ausgehenden Ordens, der 1614 in Wien das Grundstück am Unteren Werd erwarb und die Ordensniederlassung einrichtete. Das Krankenhaus war anfangs im Klostertrakt an der Taborstraße untergebracht, bevor es in den zu Ende des 19. Jhd. errichteten neuen Trakt übersiedelte. In ihm betreiben die Barmherzigen Brüder heute ein modernes Krankenhaus samt einer Krankenpflegeschule. Im Sinne ihres Gründers versuchen sie für alle Hilfesuchenden da zu sein und behandeln auch Personen im Spital, die mittellos und nicht versichert sind.

Gegenüber vom Haupteingang des Spitals ist es beim Haus in der Großen Mohrengasse 19 die Kabine des Sicherheitspersonals, die wiederum auf eine Stätte orthodoxen jüdischen Lebens hinweist. In dem Haus steckt das Bethaus des **Machsike Hadass** mitsamt seiner Jeschiwa, der Akademie für weiterführende religiöse Studien.

f Durch die Zirkusgasse

Vom Johannes-von-Gott-Platz geht es durch die Schmelzgasse zur Zirkusgasse 22. An der Stelle stand der **Türkische Tempel**. Dieser war eine Synagoge aus der zweiten Hälfte der 1880er-Jahre, die 600 Personen Platz bot und ein Zentrum für die sefardischen Juden war. Gassenseitig fiel die Synagoge mit einem doppelten Torbogen im neo-maurischen Stil auf, der an die Formen der Alhambra in Granada erinnerte und somit an die ursprüngliche Heimat der sefardischen Juden auf der Iberischen Halbinsel. Von ihr zu Ende des 15. Jhd. vertrieben siedelten sich viele in den Ländern des Osmanischen Reiches an, aus denen ein Teil von ihnen im 19. Jhd. nach Wien weiter zog. Die damals große türkisch-jüdische Gruppe in Wien sollte nach dem Israelitengesetz von 1890 wie alle anderen jüdischen Gruppierungen in die IKG eingegliedert werden, behielt aber als Verband der Türkischen Israeliten eine autonome Stellung. Er wurde schließlich in der NS-Zeit aufgelöst, und seine Synagoge brannte man beim Novemberpogrom nieder. Nach dem Krieg verkaufte die IKG das restituierte Grundstück an die Stadt Wien, und heute steht ein Gemeindebau aus den 1980er-Jahren samt dem Lichtzeichen am früheren Standort des Tempels.

7.f: Türkischer Tempel 1900 [Österr. Nationalbibliothek] und der Standort heute

In der Zirkusgasse 11 verweist ein buntes Mosaik auf den nahen Prater, ehe die Gasse zwischen einigen alten Häusern im spitzen Winkel in die Praterstraße mündet. Auf dem kleinen Platz siedelten sich im Schatten von Bäumen einige Lokale samt ihren Schanigärten an. Eines steckt im Eckhaus zur Praterstraße, das eine hübsche klassizistische Fassade samt der Jahreszahl 1809 aufweist. Davor platzierte man das Denkmal für den großen Volksschauspieler **Johann Nepomuk Nestroy**. Er scheint den Zylinder vor seinem Publikum zu lüpfen, wie er das einst im Carl-Theater tat, das am nahen Nestroyplatz stand. Gegenüber, in der Praterstraße 16, findet man nicht nur einen kleinen und feinen Eissalon, sondern auch die Gedenktafel für Arthur Schnitzler. Er stammte aus einer jüdischen Familie und kam 1862 in dem Haus zur Welt, ehe er in der Zeit um 1900 als Arzt und Schriftsteller bekannt werden sollte.

Entlang der Praterstraße geht es zum Nestroypatz zurück. Vorbei kommt man zunächst an einer Skulptur unserer Tage, die vor einem Geschäft mit Laufschuhen aufgepflanzt wurde, ehe bei der Nr. 27 eine Erinnerung an die Zeit der Jägerzeile auftaucht. Auf sie verweisen einige Reliefs an der Fassade des 1799 erbauten Gasthauses „Zum grünen Jäger“. Eine andere Reminiszenz erweckt die Stirnseite des Alliiertenhofes, auf die der Blick ein Stück weiter fällt, dort, wo sich die Praterstraße zum Nestroyplatz weitet. An dem Balkongeländer im ersten Stock hängt ein goldfarbenes Medaillon, das auf eine Begebenheit aus dem Jahr 1814 verweist. Damals kamen die alliierten Gegner Napoleons durch diese Straße nach Wien, zur Eröffnung des Wiener Kongresses. Und so zeigt das Medaillon die Porträts der Herrscher von Preußen und Russland neben dem des österreichischen Kaisers Franz I.

Gegenüber, an der Praterstraße 38, steht das Palais Rohan, in dem heute das Französische Kulturinstitut untergebracht ist. In ihm hat sich auch eine Kaffee-Bar namens „Balthasar“ etabliert, in der man feine Röstungen kredenzt. Unmittelbar vor ihr liegt der Abgang zur U-Bahn-Station, bei der der Rundgang endet.

8. Durch das Volkertviertel

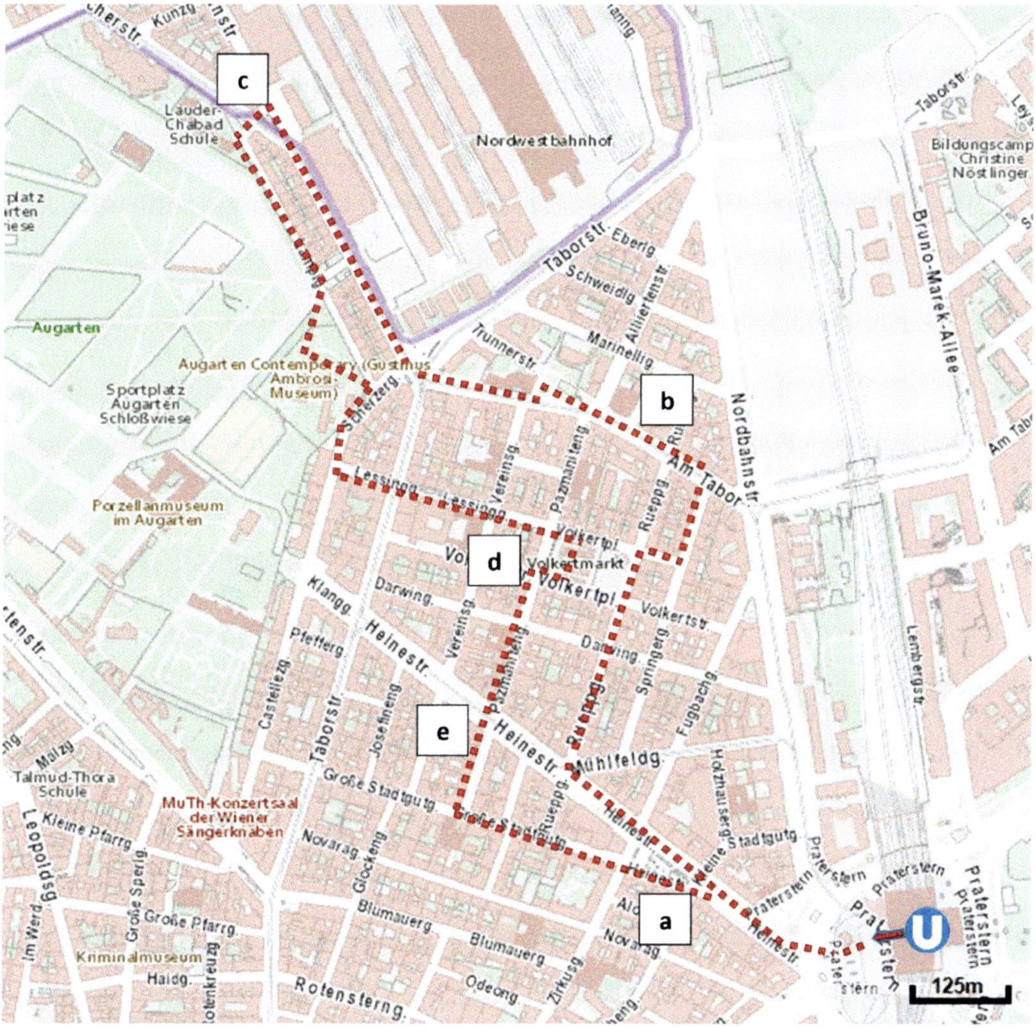

Rundgang 8. [Stadt Wien – ViennaGIS, bearb.]

Der Rundgang geht vom Bahnhof am Praterstern aus und führt durch das Volkertviertel, ein dicht verbautes Gebiet am Rand des Augartens. Etliche der Wohnhäuser stammen noch aus der Gründerzeit, also der Zeit des wirtschaftlichen Aufschwungs vom letzten Drittel des 19. Jhd. bis zum Ersten Weltkrieg. Damals gab es einen großen Bedarf an Wohnungen, der mit dem Bau von Zinshäusern gedeckt wurde. Heute weisen viele der Geschäfte, Lokale und Einrichtungen besonders auf die Zuwanderung in den vergangenen Jahrzehnten hin.

Am Weg durch das Viertel kommt man zu einigen christlichen Gotteshäusern, und zu Spuren des jüdischen Lebens von einst und heute.

a Zum Rabbiner-Friedmann-Platz

Inmitten der großen Halle des Bahnhofes am Praterstern eilen die Leute meist zwischen den offenen Türen einer gläsernen Trennwand hindurch. Leicht zu übersehen ist dabei die kleine Vitrine mit dem Kilometerstein aus 1871. Er ist ein Überbleibsel aus der Gründerzeit der Eisenbahn, als der **Nordbahnhof** große Flächen beim Praterstern beanspruchte. Sein Aufnahmegebäude war ein imposanter Backsteinbau in romantisch-historistischen Formen. In dessen Halle stand damals ein unübersehbares Denkmal, das für Salomon Mayer von Rothschild, den Gründer der Nordbahn. Diese Bahn war der Ausgangspunkt einer neuen Eisenbahnachse zu den Wirtschaftsräumen im Norden der Monarchie, in Böhmen und in Galizien. Aus diesen Gebieten zog es etliche Juden nach Wien als der Metropole des Reiches. Eindrücke aus diesen Tagen überlieferte uns Joseph Roth, der selbst aus einer Familie jüdischer Einwanderer aus Galizien stammte. Er schilderte in der Erzählung über die „Juden auf Wanderschaft", wie sie voller Hoffnung auf ein besseres Leben durch die Schleuse des Nordbahnhofes kamen und in der Leopoldstadt in einem „freiwilligen Ghetto" lebten.

Aus der Halle gelangt man auf die gepflasterte und betriebsame Fläche des Platzes am Praterstern, auf der die Straßenbahnen halten und den die Autos umrunden. Sie brausen auch um das Wahrzeichen des Pratersterns, das 1886 errichtete Denkmal für Admiral Wilhelm von Tegetthoff, den Kommandanten der österreichisch-ungarischen Kriegsmarine, der mit seiner Rammtaktik den Sieg in der Seeschlacht bei Lissa erreichte. An der Säule sieht man, wie das einer Tradition aus der römischen Antike entspricht, auch einige Rammsporne von Schlachtschiffen. Landläufig verglich man das Denkmal dieser seiner Form wegen auch mit einem Kleiderständer.

Nordwärts verläuft die Heinestraße. An ihrer Ecke, am Praterstern 1 und gleichsam an der Schwelle, über die man einst in das jüdisch geprägte Viertel der Leopoldstadt kam, trifft man heute auf das **Jüdische Institut** für **Erwachsenenbildung**. Es wurde 1989 über die Initiative eines Überlebenden der NS-Zeit gegründet und ist eine Einrichtung der Wiener Volkshochschulen. Sie soll Wissenswertes über die jüdische Kultur vermitteln und bietet eine Reihe von Veranstaltungen und auch Kurse zur hebräischen Sprache an.

Ein Stück weiter weitet sich die Heinestraße zu einem kleinen dreieckigen Platz. Er entwickelte sich zu einem Treffpunkt im Grätzel. Einige Bänke werden von Blasenbäumen beschattet, deren Blüten wie kleine Lampions aussehen, die sich im Lauf des Sommers von grün zu orangebraun verfärben. Den Platz benannte man 2008 nach **Israel Friedmann**, der aus Czortkow in Galizien stammte und der Rabbiner einer orthodoxen jüdischen Gruppierung chassidischer Richtung war. Er wirkte in der Zeit nach dem Ersten Weltkrieg in dem Bethaus, an das der Stein der Erinnerung vor dem Haus Heinestraße 35 erinnert. 1933 verstab er, und eine Aufnahme aus dem Jahr zeigt, dass eine so große Menschenmenge von ihm Abschied nahm, dass sie die ganze Breite der Heinestraße füllte. Dass das Haus 1938 zerstört wurde, musste der Rabbiner nicht mehr erleben.

8.a: Rabbiner-Friedmann-Platz

8.b: Am Tabor, Verklärungskirche

Vor dem Haus in der Heinestraße 35 fällt ein Seitenblick auf ein kleines Geschäftslokal namens „Maß-Greißlerei". Dort bekommt man die Lebensmittel unverpackt wie anno dazumal, ohne Plastik und in der benötigten Menge, und es handelt sich um biologische und regionale Produkte. Ein Geschäft mit Lebensmitteln, die den besonderen Anforderungen nach den jüdischen Speisegesetzen entsprechen, findet man schräg vis-a-vis, in der Heinestraße 24-28. In dem **Shefa Markt** gibt es ein breites Sortiment an koscheren Produkten sowie eine Theke für frisches Fleisch und eine für Backwaren, die als milchig oder parve (neutral) ausgewiesen sind.

Über die Rueppgasse kommt man geradewegs zum Rand des Volkertplatzes und dort an einem Lokal namens „Frauentreff" vorbei. Das betreibt ein Verein als eine Anlaufstelle für Migrantinnen, um ihnen die Integration und das Erlernen der deutsche Sprache zu erleichtern. Um die Ecke, in der Lessingstraße 29, findet sich das Versammlungslokal der kleinen freikirchlichen **Christen Gemeinde Wien Nord**. Sie hat ihre Muttergemeinde in Thalgut in der Schweiz und war in Wien vorerst im SalztorZentrum der Heilsarmee untergekommen. Mittlerweile verfügt sie über das Lokal mit dem

Eingang in der Springergasse 23 und auch über eine bulgarische Tochtergemeinde.

→ Gottesdienste So 10.30.

b Die katholische und die evangelische Kirche Am Tabor

Die Springergasse mündet in die Straße Am Tabor, in der man bei der Nr. 20-22 unter den Alleebäumen eine kleine Gedenktafel für **Theodor Kramer** entdeckt. Er war ein österreichischer Lyriker jüdischer Herkunft, der in der NS-Zeit nach England flüchten konnte. In seinen Gedichten hinterließ er wehmütige Eindrücke an das Wien der Zwischenkriegszeit, wie etwa in dem Gedicht, in dem er sich an das „kleine Café an der Lände“ erinnert.

Die Nordseite der Straße Am Tabor beherrschen ein katholisches und ein evangelisches Gotteshaus, die nahe beieinander liegen. Das erstere ist die 1971 fertiggestellte **Auferstehung-Christi-Kirche**. Sie fand bei der Nr. 5 zwischen zwei Wohnhäusern Platz, die die Kirche überragen.

Dass sie dennoch ins Auge springt, verdankt sie der markanten Fassade, die sie 1996 erhielt und die **Arik Brauer** gestaltete. Dessen Vater, ein jüdischer Handwerker, war in der NS-Zeit ermordet worden. Arik konnte diese Zeit in einem Versteck überleben. In der Folge studierte er bildende Kunst und Gesang, lernte in Israel seine Frau kennen, und stieg in Wien zu einem vielseitigen Künstler auf. An der Auferstehung-Christi-Kirche hinterließ er uns eine eindrucksvolle Darstellung des Letzten Abendmahls. Sie zeigt das Ereignis vor dem Hintergrund der Szenerie des Landes und zur Zeit Jesu. So sieht man die zwölf Apostel um den Tisch des Seder-Mahls beim Pessach-Fest geschart, wie es von den Juden gefeiert wird, um der Errettung ihres Volkes aus der Gefangenschaft in Ägypten zu gedenken. Auf dem Tisch liegen die Zutaten zum geopferten Lamm, die eine sinnbildliche Bedeutung haben. Zu ihnen gehören die Mazze als das ungesäuerte Brot aus der Zeit des Elends, die Bitterkräuter, die an die Jahre der Sklaverei erinnern, und das breiartige Charosset, das die Arbeit an den Lehmziegeln symbolisiert. Jesus, der sich selbst opferte, steht in der Mitte der Gemeinschaft und bricht das Brot als das Zeichen für seinen Leib, der gebrochen wurde. Und er nimmt den Kelch als das Sinnbild für die Erlösung durch sein vergossenes Blut. Dabei erfüllt ihn ein Lichtstrahl, der von oben in der Form eines Kreuzes einfällt. Auf dem schmalen Bild an der linken Seite sieht man überdies Maria mit dem Kind und dem Davidstern. Auf dem Bild an der rechten Seite ist der Traum des Josef samt dem König David dargestellt, und samt den Namen des Stammbaums, der bis zu Josef und weiter zu Jesus führt. Brauer wies mit der Sprache dieser seiner Bilder auf den Bogen hin, der sich von den jüdischen Wurzeln bis zu dem Erlösungswerk Christi spannt. An dieser Kirche und in dem Bezirk, der vor 1938 einen sehr hohen jüdischen Bevölkerunganteil hatte, setzen die Bilder auch ein besonderes Zeichen für das respektvolle Zusammenleben zwischen Christen und Juden.

8.b: Am Tabor, Auferstehung-Christi-Kirche, Bild des Abendmahls an der Fassade

In das Gotteshaus kommt man durch den Seiteneingang beim Pfarrbüro in der Hochstettergasse 2. In seinem Inneren sind weitere zeitgenössische Arbeiten zu sehen, wie ein Kreuzweg, der nicht stationsweise unterteilt ist, sondern verlaufend dargestellt ist. Das soll anregen, auch über den Verlauf des eigenen Lebensweges nachzudenken.

→ Gottesdienste (der Pfarrgemeinde) So 9.00.

Regelmäßige Gottesdienste werden in der Kirche nicht nur für die Pfarrgemeinde, sondern auch für die ungarische Gemeinde in Wien sowie für die Malankara Indisch-Orthodoxe Gemeinde gefeiert. Letztere ist eine Ostkirche aus dem Süden Indiens, wo schon der Apostel Thomas missioniert hatte.

Die freie Fläche an der Westseite, die zwischen dem katholischen und dem evangelischen Gotteshaus liegt, wird vom **Else-Feldmann-Park** ausgefüllt. Er wurde 2021 neu gestaltet und nach der jüdischen Schriftstellerin benannt, die sich zu Beginn des 20. Jhd. für benachteiligte Frauen und Kinder einsetzte.

Aus dem Park lugt das bollwerkartig erbaute evanglische Gotteshaus hervor. Es erinnert an eine feste Burg und den göttlichen Schutz für die Gemeinde, aber auch an die Geschichte des Ortes, an dem sich einst die Wehranlage des Tabors beim Übergang über die unregulierte Donau befand. Dass er als Tabor bezeichnet wurde, geht auf die Zeit der protestantischen Hussiten zurück. Sie benannten ihre erhöht angelegten Lager nach dem Berg Tabor, also dem biblischen Berg der Verklärung Jesu. Und diesem Ereignis ist auch das evangelische Gotteshaus als **Verklärungskirche** gewidmet.

Neben ihrem Eingang hängt eine Gedenktafel, die an die NS-Zeit erinnert und das Bedauern ausdrückt, „dass wir zu wenig Wachsamkeit und Zivilcourage gezeigt haben". Im hohen und schlichten Innenraum ist es ein farbiges Fresko über dem Altarraum, auf dem der verklärte Jesus zu sehen ist. An seiner Seite sind Moses und Elija sowie im Vordergrund Jakobus und Johannes zu erkennen, und in die bunten Glasfenster an den Seiten wurde der Text des „Vater Unser" eingebettet. In der Verklärungskirche feiert die Evangelische Pfarrgemeinde A.B. ihre Gottesdienste. Sie umfasst nicht nur die Mitglieder aus der Leopoldstadt, sondern auch die aus der benachbarten Brigittenau, die früher zum selben Bezirk gehörte.

→ Gottesdienste So 9.30.

c Am östlichen Rand des Augartens

Wenn man an dem alten Haus vorbeikommt, das sich um die Ecke der Straße Am Tabor zur Taborstraße hin erstreckt, so könnte man meinen, es wäre eingesunken. Tatsächlich liegt nur das Niveau der Straße höher als es zu Ende des 17. Jhd. der Fall war. Damals diente das Haus als das Mautgebäude beim Donauübergang. Bei diesem Übergang errichtete man auch die **Johannes-Nepomuk-Kapelle**, die man heute ein wenig versetzt bei der Taborstraße 89 findet. Sie war eine der Kapellen, die man im 18. Jhd. erbaute, als der Linienwall die Vorstädte Wiens als ein schützender äußerer Mauerring umfing. Die Kapellen bei den Brücken vor dem Wall wurden auf Johannes von Nepomuk geweiht. Er gilt als der Brückenheilige und lebte im 14. Jhd. in Prag, als Priester in erzbischöflichen Diensten. Als solcher geriet in die Mühlen des Machtkampfes mit dem König, erlitt die Folter und wurde getötet, indem man ihn von der Brücke in die Moldau stürzte. Der Überlieferung nach soll er sich geweigert haben, das Beichtgeheimnis zu verletzen.

Die Nepomukstatue, die in der Kapelle an der Taborstraße zu erkennen ist, befand sich ursprünglich im Mautgebäude. Im Übrigen sind die Spuren aus der Zeit der Mautgrenze aber verschwunden, und an der belebten Kreuzung verläuft heute nur mehr die unsichtbare Verwaltungsgrenze zwischen dem 2. und dem 20. Bezirk. Von dort aus folgt man der Nordwestbahnstraße und kommt am Gelände des Nordwestbahnhofes vorüber. An der Stelle, an der die Rauscherstraße abzweigt, wird ein kleiner dreieckiger Platz erreicht. Den benannte man nach Rabbiner **Menachem Mendel Schneerson**. Er lebte im 20. Jhd. und stand über viele Jahre hindurch der Lubawitscher Bewegung des orthodoxen Judentums vor. Am Rabbiner-Schneerson-Platz 2 wurde 2006 das **Bet Halevi** (Haus der Zukunft) eingerichtet. Es verfügt über eine Synagoge samt Mikwe sowie ein Lernhaus mit Schulungs- und Veranstaltungsräumen.

Auf der dem Augarten zugewandten Seite des Platzes liegt der **Lauder Chabad Campus**. Er ist ein Schulzentrum, das zu Ende der 1990er-Jahre errichtet wurde und eine der jüdischen Bildungseinrichtungen ist, die von der Stiftung des Unternehmers Ronald S. Lauder unterstützt wurde. Er entstammt der jüdischen Familie, die den amerikanischen Kosmetikkonzern Estée Lauder aufbaute. Der umzäunte Campus im Wiener Augarten beinhaltet einen Kindergarten und Schulen für mehrere Altersstufen: eine Volksschule, eine Mittelschule, ein Gymnasium und eine Handelsschule. In ihnen werden im Rahmen der Ausbildung auch die hebräische Sprache und die jüdische Kultur vermittelt.

Hinter dem Gelände des Campus lugen über die Baumkronen zwei Flaktürme hervor, die man während des Zweiten Weltkrieges wie Ungetüme in die grüne Oase hineinsetzte und die sich nicht mehr aus ihr entfernen lassen. Der Gartenmauer entlang geht es durch die Lampigasse weiter und an einigen gepflegten dreistöckigen Wohnhäusern vorüber. Auf dem bei der Nr. 17 scheint eine große Sonne über dem Augarten aufzugehen, und bei der Nr. 21 stehen die Flügel eines großen Gittertors offen, durch das man in die Ostecke des Gartens kommt. In sie pflanzte man einen Pavillon, den Georg Lippert in den 1950er-Jahren für die Ausstellung der Werke des Bildhauers Gustinus Ambrosi entwarf. Er wird heute für Ausstellungen zeitgenössischer Werke genutzt.

d Zum Volkertmarkt

Durch das Ambrosi-Tor geht es aus dem Augarten in die Scherzergasse und weiter zur Castellezgasse 35. Das Gebäude aus dem 19. Jhd. diente einem jüdischen Kindergarten und dem Zwi Perez Chajes Realgymnasium, ehe es in der NS-Zeit in ein Sammellager für Deportationen umfunktioniert wurde. Heute ist die gleichnamige Schule, die nach dem Krieg wieder eingerichet wurde, in einem Neubau beim restituierten Gelände des jüdischen Sportvereins Hakoah im Prater untergebracht.

Gegenüber zweigt die Lessingstraße ab. Sie ist nach Gotthold Ephraim Lessing benannt, dem auch das Denkmal am Judenplatz gilt. Wenn man an der Ecke der Lessingstraße zur Taborstraße einen Blick zurückwirft, fällt er auf ein Wandbild, das an die Zeit im 19. Jhd. erinnert, als die Industrialisierung in der Leopoldstadt Einzug hielt. Bei der Lessingstraße 14 passiert man dann das neue Realgymnasium und kommt über einen verkehrsberuhigten Abschnitt der Straße zum Volkertplatz.

Den füllt der **Volkertmarkt** mit seinen vielfältigen Ständen. Mitten unter ihnen steckt ein orientalisch-israelisches Restaurant namens „Yudale“, das koschere Gerichte anbietet, und am gleichnamigen Marktstand werden auch koschere Fleischwaren verkauft.

e Durch die Pazmanitengasse

Vom Volkertplatz führt die Pazmanitengasse südwärts. Ihr Name leitet sich von einem Meierhof der Pazmaniten ab, der Schüler des Pazmaneums. Das war ein Institut zur Heranbildung von ungarischen Geistlichen, das auf Péter Pázmány zurückging, den Erzbischof von Esztergom im 17. Jhd. Heute befindet sich das Pazmaneum als Studien- und Gästehaus in der Bolzmanngasse 14 im 9. Bezirk.

Gegenüber vom Haus in der Pazmanitengasse 6, aus dem unvermittelt eine Autokarosserie hervorragt, findet man die Säule eines Lichtzeichens am Gehsteig. Sie und die kleine Gedenktafel verweisen auf die einstige Synagoge, den **Pazmanitentempel**. Er war zu Beginn des 20. Jhd. erbaut worden und wurde vom Leopoldstädter Tempelverein Aeschel Awrochom (Zelt Abrahams) betrieben. Das Bauwerk hatte eine markante Fensterfront samt kleinen Kuppeln und diente als das Gemeindezentrum für die vielen jüdischen Zuwanderer im Viertel um den Volkertmarkt. Beim Novemberpogrom 1938 wurde auch dieser Tempel zerstört.

An der Ecke der Pazmanitengasse zur Großen Stadtgutgasse weisen einige Bilder an den Fenstern auf eine multilinguale Kindergruppe hin, und schräg gegenüber, in der Großen Stadtgutgasse 24, findet sich die jüdische Schule für Mädchen, das Pendant zur der für Knaben in der Malzgasse. An die jüdische Vergangenheit erinnert ein großer Stein der Erinnerung bei der Nr. 34, der viele Namen von vertriebenen jüdischen Frauen und Männern auflistet. Und im weiteren Verlauf der Gasse gelangt man zum kleinen Park am Rabbiner-Friedmann-Platz zurück und über ihn zum Praterstern.

9. Vom Praterstern donauwärts

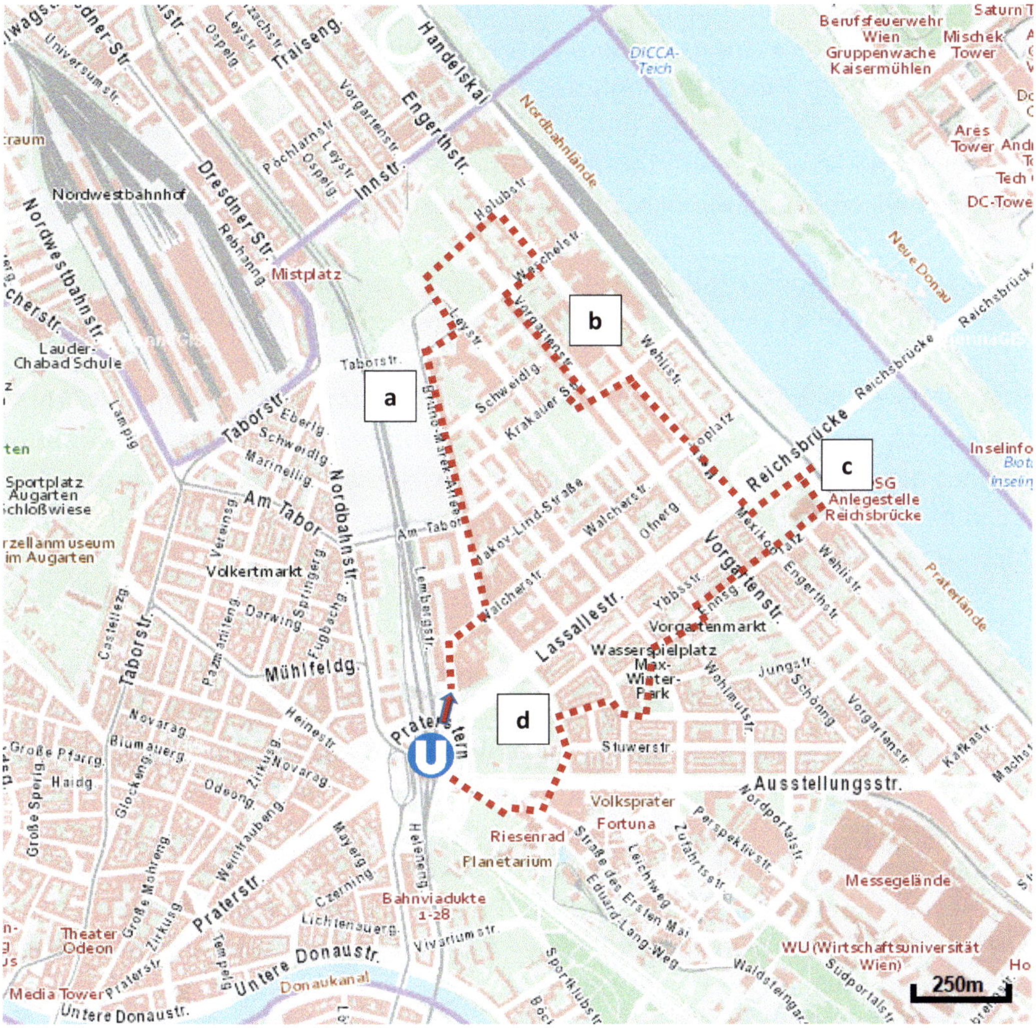

Rundgang 9. [Stadt Wien – ViennaGIS, bearb.]

Der Rundgang vom Praterstern donauwärts geht auch vom Bahnhof Praterstern aus. Er führt zunächst durch das neue Nordbahnviertel (Abschnitte a und b) und vom Mexikoplatz durch das Stuwerviertel zum Praterstern zurück (Abschnitte c und d). Die beiden Teile bieten sich bei Bedarf auch für eine Unterteilung in zwei Etappen an (bis zur und ab der U-Bahnstation Vorgartenstraße). Im Verlauf des Rundgangs trifft man auf mancherlei christliche Gotteshäuser.

a Zum FranZ und zur rumänisch-orthodoxen Kirche

Wenn man die Bahnhofshalle nordwärts zur Lasallestraße verlässt, kommt man zu dem Areal, auf dem im 19. Jhd. die ausgedehnten Verlade- und Lageranlagen des Frachtenbahnhofes für die Nordbahn errichtet wurden. Als man sie nicht mehr benötigte und die Flächen gegen Ende des 20. Jhd. verödeten, machten sie einem großen Stadtentwicklungsgebiet Platz, dem heutigen Nordbahnviertel, in dem nach und nach schicke Wohn- und Bürogebäude emporwachsen.

Von der Lasallestraße zweigt man beim Haus der Wiener Wirtschaft ab und kommt durch die nach ihr benannte Straße zu einer großen Straßenkreuzung. Ostwärts verläuft die Joseph-Roth-Gasse und westwärts die breite Bruno-Marek-Allee. Ihr folgend gelangt man zur verkehrsberuhigten Fläche am Rothschildplatz, der nach dem Gründer der Nordbahn benannt wurde. Im weiteren Verlauf der Straße, die von einigen heranwachsenden Bäumen gesäumt wird, ist es bei der Nr. 11 der große gelbe Wohnkomplex des Superblocks, der einen farbigen Akzent in der Häuserreihe setzt.

Straßenseitig enthält er einen Bäckereiladen und ein Fahrradgeschäft, und zwischen ihnen ein Lokal, das sich mit der Aufschrift **FranZ** bemerkbar macht. Dieses Kürzel steht für Franziskus und das Zentrum der Begegnung, das die katholische Nepomukpfarre für die Bevölkerung des Nordbahnviertels einrichtete. Es verfügt über einen schlichten und hellen Raum, in dem immer wieder Veranstaltungen stattfinden, wie etwa Krabbelmessen für die Kleinen oder Vorträge und Gebetsabende. Zweimal in der Woche wird er als ein Staunraum offen gehalten, um den Besucherinnen und Besuchern einen Ort der Besinnung zur Verfügung zu stellen. Beim FranZ ist überdies eine Stelle von auf.leben untergebracht, in der die Ehe-, Familien- und Lebensberatung seitens der Katholischen Kirche angeboten wird.

→ Geöffnet als Staunraum Di 17.00 - 19.00, Fr 9.00 - 12.00.

Unweit davon taucht in der Bruno-Marek-Allee 7B auch ein schlankes Kirchengebäude auf, das optisch aus dem stilistischen Rahmen der Häuser rundum fällt. Es ist die neue Pfarrkirche **hl. Stefan der Große** der Rumänisch-orthodoxen Kirche. Ihren Gläubigen in Wien stand seit dem Anfang des 20. Jhd. eine Kapelle im Palais Dietrichstein im ersten Bezirk zur Verfügung, ehe sie zu Beginn des 21. Jhd. auch ein eigenes Kirchengebäude an der Simmeringer Hauptstraße errichten konnten. Ab 2017 wurde das zweite, das in der Bruno-Marek-Allee im Nordbahnviertel erbaut. Für beide Projekte lag die Planung in den Händen des Architektenpaares Georg Baldass und Mihaela Ionescu. Die Kirche im Nordbahnviertel fällt besonders dadurch auf, dass sie in den Formen der berühmten Kirchen der Moldauklöster aus dem 15. und 16. Jhd. errichtet wurde. Die Wände des Gotteshauses zeigen sich noch Grau in Grau, sollen aber künftig so wie ihre Vorbilder an der Moldau außen und innen mit farbenfrohen Fresken geschmückt werden. Dann wird man biblische Szenen und Heilige zu sehen bekommen, welche die Blicke anziehen und gleichsam auf die Menschen zugehen. Heute schon zu hören sind die drei Glocken am freistehenden Turm der Kirche, welche die Gläubigen zur Kirche rufen.

9.a: Kirche hl. Stefan der Große, Außenansicht und Fest-Liturgie [Mihaela Ionescu]

Diese betritt man über eine westseitige Vorhalle. Unter der Empore, auf der der Chor die Liturgie begleitet, kommt man in das Kirchenschiff mit seiner gemauerten Ikonostase und dem großen achteckigen Luster, der den Blick in die Kuppel hinaufzieht. Der Übergang hat die Form eines Achtecks, des Symbols für die Ewigkeit, und ganz oben in der Laterne der Kuppel strömt das Licht ein, so wie Christus das Licht in die Welt brachte. Wenn der Raum einmal bemalt sein wird, soll Christus an der Stelle als der thronende Pantokrator, als der Weltenherrscher zu sehen sein. In der Kirche werden bereits seit 2021 die Gottesdienste der Gemeinde gefeiert, in rumänischer Sprache. Im Untergeschoß hat sie einen weiteren Versammlungsraum, in dem sich auch das Taufbecken befindet. Auch das Haus nebenan dient der rumänisch-orthodoxen Gemeinde und bietet die Räume für die Pfarre sowie die Wohnungen für den Pfarrer und einige Mitglieder der Pfarrgemeinde. In dem Haus fand auch der Kindergarten Lucia Platz, den die St. Nikolausstiftung betreibt.

→ Gottesdienste So 9.30. Abendliturgie Mi und Fr 19.00, Sa 18.00.

b Vom Donauhof zur serbisch-orthodoxen Kirche

An der Ecke der Taborstraße kommt man zur Gleisschleife am Ende der Straßenbahnlinie O und ihr folgend über die Leystraße zum Rand einer großen Grünflache. Sie blieb als ein Freiraum inmitten der neuen Wohnblöcke bestehen und stellt einen Überrest der Wildnis dar, der zum Park der **Freien Mitte** gezähmt wird. In ihm kann man noch die Überbleibsel aus der Zeit des Nordbahnhofes entdecken, wie den Ziegelbau des Wasserturms sowie einige Stücke der Gleisanlagen und die Eisenbahnbrücke, die nun von den Spazierenden benützt wird.

9.a.: Staunraum im FranZ

9.b: Donauhof, Gottesdienst [projekt:gemeinde]

An der nordöstlichen Ecke der Freien Mitte erreicht man die Holubgasse und den Robert-Uhlir-Hof mit seinem Durchgang zur Engerthstraße. Dort findet sich noch ein Stück Naturlandschaft, wie sie seinerzeit die Donau entlang ihres unregulierten Ufers formte und das als Stadtwildnis ausgewiesen ist. Ihr gegenüber steht in der Engerthstraße 141 ein Wohngebäude, das als der **Donauhof** bekannt wurde. Zur Zeit seiner Erbauung um 1900 enthielt er ein elegantes Hotel mit einem Veranstaltungsbetrieb sowie einem Café und einem Casino. Das Haus dürfte im Besitz der jüdischen Unternehmerfamilie Kuffner gewesen sein, auf die auch der Aufstieg der Ottakringer Brauerei und die Sternwarte im 16. Bezirk zurückgehen. Der Donauhof büßte in der Folge seinen ursprünglichen Glanz ein. Letztlich musste er als das Lager eines Holzhändlers herhalten, dessen Aufschrift noch an der Fassade zu erkennen ist. 2015 eröffnete sich aber eine neue Perspektive. Der Hilfsverein der Baptisten übernahm das Erdgeschoß mit den einstigen Veranstaltungsräumen und dem Ballsaal samt seinem imposanten Deckengewölbe, und die baptistische projekt:gemeinde machte sich daran, die Räumlichkeiten schrittweise zu sanieren und zu revitalisieren. Sie sollen künftig ein Sozial- und Veranstaltungsort mit einem Café für das Viertel werden und mit den Einnahmen die sozialen Projekte unterstützen. Zur Zeit nützt die projekt:gemeinde, auf deren Sitz man in der Krummgasse im 3. Bezirk stößt, die Räume im Donauhof für einzelne ihrer Gottesdienste.

Südwärts geht es über die Weschelstraße, die Vorgartenstraße und die Krakauer Straße zum Rudolf-Bednar-Park weiter. Er ist die rechteckige grüne Erholungsfläche an den langen Straßenachsen, die zur Zeit der Verbauung nach der Donauregulierung angelegt wurden. Der Name der Vorgartenstraße, die man durch einen Durchgang unter den Wohnhäusern erreicht, erinnert daran, dass sie damals mit Vorgärten verschönert werden sollte. Vor dem Wohnhaus auf Nr. 125-127, einem Neubau aus unseren Tagen, sind es hingegen eher futuristische Gebilde, die die Blicke anziehen. Sie erweitern die Wohnungen der ersten Etage jeweils um ein transparentes Salettl.

An der Ecke biegt man in die Haussteingasse ab und erblickt eine Kirche mit zwei kleinen Türmen. Das ist das auf **Christi Auferstehung** geweihte Gotteshaus der Serbisch-Orthodoxen Kirche. Dieses Gebäude diente ursprünglich einem ganz anderen Zweck. Es gehörte nämlich zur Straßenbahnremise an der Engerthstraße. Das lassen noch einige Merkmale wie die eisernen Stützen und die Holzdecke des hallenartigen Innenraumes erkennen. Als die Serbisch-Orthodoxe Kirche das Haus erwarb, gestaltete sie es Anfang der 2000er-Jahre zur Kirche um. Den reich bebilderten Innenraum prägen heute viele farbenfrohe Fresken auf blauem Grund. Als zentrales Bildmotiv sticht das der Auferstehung hervor. Es beherrscht das Giebelfeld über dem Eingang genauso wie die Wand über dem Altar und findet sich auch auf der Ikone in der Mitte des weiten Raumes.

Der füllt sich bei den in serbischer Sprache gefeierten Gottesdiensten, bei denen die Männer auf der linken und die Frauen auf der rechten Seite stehen. Die Gläubigen kommen auch ansonsten immer wieder in die Kirche, um ihre Opferkerzen zu entzünden und vor den Ikonen ihre individuelle Andacht zu halten.

→ Gottesdienste Sa 8.30; So 9.30. Geöffnet tägl. 8.00 - 19.00.

c Zur Mexikokirche

In der Engerthstraße spaziert man an der langen Front der ehemaligen Remise entlang. Sie war einer der Betriebsbahnhöfe der Straßenbahnen, wie sie als Rohziegelbauten an der Wende vom 19. zum 20. Jhd. in einigen

Stadtteilen errichtet wurden. Heute dient ein Teil von ihr einem Supermarkt, und in der Halle parken die Autos.

Am Mexikoplatz taucht der gewaltige Bau der **Franz-von-Assisi-Kirche** auf, die als die Mexikokirche bekannt ist. Quer über den Platz verläuft ein Fußweg, den Platanen beschatten und den ein kleiner Gedenkstein säumt. Auf ihm liest man die Erklärung für den Namen des Platzes: Mexiko war der einzige Staat, der im März 1938 vor dem Völkerbund offiziell gegen den Anschluss Österreichs an Deutschland protestierte. Die Kirche ist um einiges älter. Sie entstand an der Wende vom 19. zum 20. Jhd. und wurde von einem Schüler von Friedrich von Schmidt entworfen, von Viktor Luntz. Er gestaltete sie als ein historistisches Bauwerk in den Formen romanischer Kirchen. Erbaut wurde sie gegen Ende des 19. Jhd., aus Anlass des 50-Jahre-Thronjubiläums, das Kaiser Franz Joseph im Jahr 1898 beging. Wenn man sie zunächst außen umrundet, so stößt man an der Nordwestecke auch auf die Spur eines anderen Ereignisses aus der Bauzeit. Das war die Ermordung von Elisabeth, der Gemahlin des Kaisers, die damals am Genfer See einem Attentat zum Opfer fiel. An sie erinnert ein zartes Reliefbild, das auch den Personenkult wiederspiegelt, wie er sich um die beliebte Sisi bildete. Auf dem Relief ist sie, die bei ihrer Ermordung 60 Jahre alt war, nicht nur in ihrer jugendlichen Schönheit zu sehen, sondern auch, wie sie von Engeln und von ihrer Namenspatronin, der hl. Elisabeth von Thüringen, in Empfang genommen wird.

Von der Ecke der Kirche aus bietet sich überdies ein kurzer Abstecher über den Steg und den Handelskai zum Ufer der Donau bei der Reichsbrücke an. Bei ihr legen die Kreuzfahrtschiffe an, und stromabwärts befindet sich das Schiffahrtszentrum Wien, der moderne Terminal für die Passagiere.

Die Kirche weiter umrundend kommt man an der Ostseite zu einem Nebengebäude mit dem **Trinitarier-Kloster**, in dem auch die Kanzlei der katholischen Pfarre Donaustadt eingerichtet wurde. Dass man auf die Pfarre Donaustadt am Westufer der Donau trifft, während die Donaustadt heute als der Stadtteil am Ostufer bekannt ist, das erklärt sich aus den Veränderungen im Zuge der großen Regulierung des Stromes in den 1870er-Jahren. Zuvor nannte man das überschwemmungsbedrohte Gebiet zwischen dem Praterstern und dem Westufer die Donaustadt. Diese Bezeichnung wanderte dann gleichsam über den regulierten Strom hinüber an sein Ostufer und gilt heute dem weitläufigen 22. Bezirk. Als Pfarre verharrte die Donaustadt am Westufer.

Die Trinitarier sind die Brüder der Heiligsten Dreifaltigkeit, ein Orden, der zur Zeit der Kreuzzüge gegründet worden war und sich darum bemühte, christliche Gefangene aus islamischen Gebieten zu befreien. Nach Wien waren die Trinitarier im 17. Jhd. gekommen und hatten ihr Kloster in der Alservorstadt. Heute widmet sich der Orden besonders dem Dienst an Armen und Verfolgten als Randgruppen der Gesellschaft, und seine Priester betreuen die Pfarre der Kirche und die regelmäßigen Gottesdienste für die Pfarre Donaustadt. Sonntags wird der zweite der Gottesdienste als eine Messe für die englischsprachige Gemeinde in Wien gefeiert.

Das Kirchenschiff gliedern hohe Pfeiler mit Skulpturen, und wuchtige Mauern in sandig-erdigen Farbtönen umfangen es. An den Wänden sind es wenige Bilder, die farbenfrohe Akzente setzen. Unter ihnen finden sich solche aus dem 20. Jhd. wie die beiden des italienischen Malers Ettore Gualdini an der Empore. Das eine interpretiert die Szene der Verkündigung an Maria, das andere stellt die selige Elisabetta Canori Mora dar. Ein weiteres Motiv findet man an der westlichen Wand des Chorraumes. Das stammt von Lotte Berger-Maringer, die eine zeitgenössische Version der Schutzmantel-Madonna malte. Aus der Bauzeit der Kirche stammt hingegen ihr Schmuckstück in der Nordwestecke, die **Gedächtniskapelle** für die damals in Genf ermordete Sisi. Diese Kapelle wurde im Jugendstil und mit Mosaiken nach den Vorbildern aus Ravenna und Palermo dekoriert. Die Spendengelder hatte das Rote Kreuz aufgebracht, deren Protektorin Elisabeth von Österreich war.

→ Gottesdienste So 9, 10, 11,15, 18.30; Mo, Di, Mi 8; Do, Fr, Sa 18.30. Geöffnet 8.00 - 12.00.

9.b: Kirche Christi Auferstehung

9.c: Mexikokirche, Elisabeth-Gedächtniskapelle

d Durch das Stuwerviertel zum Prater

Vom Mexikoplatz aus führt die von Linden gesäumte Ennsgasse südwärts in das Stuwerviertel, das bis zur Ausstellungsstraße am Rande des Praters reicht. Zum Unterschied vom Nordbahnviertel mit seinen vielen neuen Häusern ist das Stuwerviertel eines mit einem durchwegs älteren Baubestand. Einige Häuser wirken schon abgewohnt, und viele stammen aus der Gründerzeit des 19. Jhd. In der Zwischenkriegszeit kamen einige Gemeindebauten hinzu. Der Mexikoplatz war lange für seinen Schwarzmarkt bekannt, und am Rande des Praters hatte sich die Rotlichtszene angesiedelt. In der jüngsten Vergangenheit wandelte sich das Gesicht des Viertel zusehends. Heute findet man neben einigen desolaten Läden auch etliche trendige kleine Geschäfte und Lokale, die das Stuwerviertel aufwerten.

Im Wandel ist auch der **Vorgartenmarkt**, zu dem sich die Ennsgasse weitet. Der Markt lag zu Beginn des 19. Jhd. ein Stück weiter östlich, an der Vorgartenstraße. An seinem heutigen Standort befand sich damals ein städtischer Reservegarten, der der Aufzucht von Pflanzen in Beeten und Gewächshäusern diente. Als dieser in den 22. Bezirk übersiedelte, wo er als die Blumengärten Hirschstetten fortbesteht, etablierte sich 1961 der Markt an der Ennsgasse, der das Grätzel mit frischen Lebensmitteln versorgt. Zwischen seinen festen Ständen findet man einen kleinen freien Platz in der Mitte vor, auf dem die mobilen Tische mit den Flohmarktwaren aufgestellt werden. Dort entdeckt man zwei Mosaike, die die Vorgeschichte in Erinnerung rufen, einerseits den Reservegarten und andererseits den alten Markt. Zwischen den Ständen siedelten sich auch am Vorgartenmarkt gastliche Lokale an. Ihr Bogen reicht von den einfachen Theken, an denen das eine oder andere Glaserl getrunken wird, bis zu den jungen hippen Lokalen, die Spezialitäten anbieten.

Im weiteren Verlauf der Ennsgasse erreicht man noch einen Ort der Begegnung im Viertel, den Max-Winter-Platz. An seiner Ecke befindet sich die städtische Außenstelle zur Gebietsbetreuung, und im Park steht ein großer Spielplatz zur Verfügung. Am Rand des Parks vor der Schule am Max-Winter-Platz 1 versteckt sich in einer Gruppe von Sträuchern ein Denkmal für eine aus den Reihen der sogenannten kleinen Leute, wie sie das Viertel lange prägten. Es gilt **Margarete Manhardt**, die als Hausgehilfin arbeitete und in den Mittelpunkt eines Vorfalls im Jahr 1926 geriet. Sie konnte dabei die beiden Kinder, die sie betreute, vor den Rädern eines Bierwagens retten, wobei sie ihr eigenes Leben verlor. Zu denken geben sollte auch der Umstand, dass man den Stein in der NS-Zeit entfernte, weil es sich bei den Kindern um die einer jüdischen Familie handelte.

An der südseitigen Ecke des Platzes kommt man in die Wolfgang-Schmälzl-Gasse. Sie erinnert trotz der anderen Schreibweise des Namens an jenen Wolfgang Schmeltzl, der im 16. Jhd. Schulmeister im Schottenstift war und die Eindrücke aus dem Wien seiner Zeit festhielt, wie die vom bunten Treiben am Lugeck. Südwärts biegt man in die Arnezhoferstraße ein, die den Namen des ersten Pfarrers der Leopoldskirche trägt. Weiter geht es entlang der Venediger Au, deren Bezeichnung wiederum daran anknüpft, dass das Gebiet an der unregulierten Donau einst von Inseln und Wassergräben geprägt war. Die ließen wohl an die Lagune von Venedig denken. Einige der Wohnhäuser entlang der Straße sind solche aus der Gründerzeit, wie das auf Nr. 6 mit seinem schönen Vorgarten, das Architekt Hugo Urbanek entwarf.

9.d: Margaret Manhardt-Denkmal

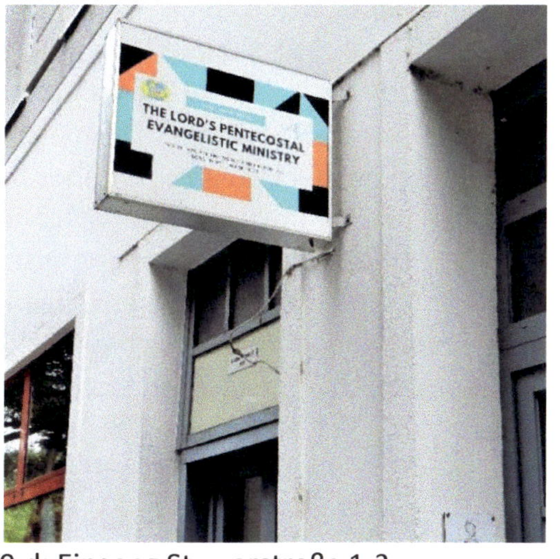

9.d: Eingang Stuwerstraße 1-3

An der nächsten Straßenecke erreicht man die Stuwerstraße, die wie das Viertel nach jenem Johannes Georg Stuwer benannt ist, der von Kaiser Joseph II. die Lizenz erhalten hatte, Feuerwerke im Prater zu veranstalten. Neben dem Supermarkt an der Ecke ist es ein kleines Schild am Haus Stuwerstraße 1-3, das auf eine Gruppe namens The Lord's **Pentecostal Evangelistic** Ministry hinweist. Sie ist eine charismatische und eine der international geprägten freikirchlichen Gemeinden. Eine Evangelistin aus Nigeria hat sie im Jahr 1994 gegründet, und die Gemeinde reihte sich in den afrikanischen Teilverband der Freien Christengemeinde-Pfingstgemeinde ein.

→ Gottesdienste (englisch) So 12.00. Gebets/Bibelabende Mo, Mi, Fr 18.00.

Die Ausstellungsstraße querend erreicht man das Gelände des Praters. Er war als ein kaiserliches Jagdreservat angelegt worden, das im 18. Jhd. über Betreiben Joseph II. so wie der Augarten auch für die Allgemeinheit zugänglich gemacht wurde. Gegen Ende des 19. Jhd. erwarb eine Londoner Gesellschaft das Teilstück beim Praterstern, das zwischen der Ausstellungsstraße und der Hauptallee liegt. Sie verpachtete es an den findigen Unternehmer Gabor Steiner, der dort den Themenpark „Venedig in Wien“ errichten ließ. In dem Areal gab es Theater- und Musikveranstaltungen, und dort baute man das Stadtbild Venedigs nach, samt Kanälen, durch die die Gondeln schaukelten. Gabor Steiner initiierte auch eine andere Attraktion im Prater, das **Riesenrad**. Dieses haben englische Ingenieure konstruiert, indem sie zwei halbkreisförmige Brückenbögen verbanden und mit dreißig Wagen bestückten. Während sich der venezianische Themenpark nicht lange hielt, wurde das Riesenrad zu einer bleibenden Wiener Attraktion. Auch wenn es wegen der Schäden aus dem Zweiten Weltkrieg nur mehr mit der halben Anzahl an Wagen bestückt ist, dreht es weiter seine gemächlichen Runden über der Stadt.

Am runden Riesenradplatz strömen die Gäste wie um einen Kreisverkehr in den Wurstelprater. Wenn man diesen Platz in Richtung des Pratersterns verlässt, kann man an der Rückseite des Eckgebäudes versteckt zwei Relieftafeln entdecken, die Helmut Leherbauer alias Leherb 1959 schuf, ein Künstler, der der Wiener Schule des Phantastischen Realismus zugeordnet wird. Auf den Bildtafeln hielt er Sujets aus dem Praterleben fest. Und auf eine bekannte Melodie, nämlich die vom Prater, in dem die Bäume blühen, verweist das kleine Denkmal für Robert Stolz. Das steht am Rand des Gabor-Steiner-Weges, der zum Praterstern führt.

Den erreicht man beim kubischen Pavillon des „Fluc“, einem Lokal der jungen Musikszene, das sich auf den Vorplatz des Bahnhofes am Praterstern zwängte. Dort gelangt man zu einem der Zugänge in die gläserne Bahnhofshalle, die den Anfangs- und den Endpunkt der Runde bildet.

10. Um die Landstraße und durch das Weißgerberviertel

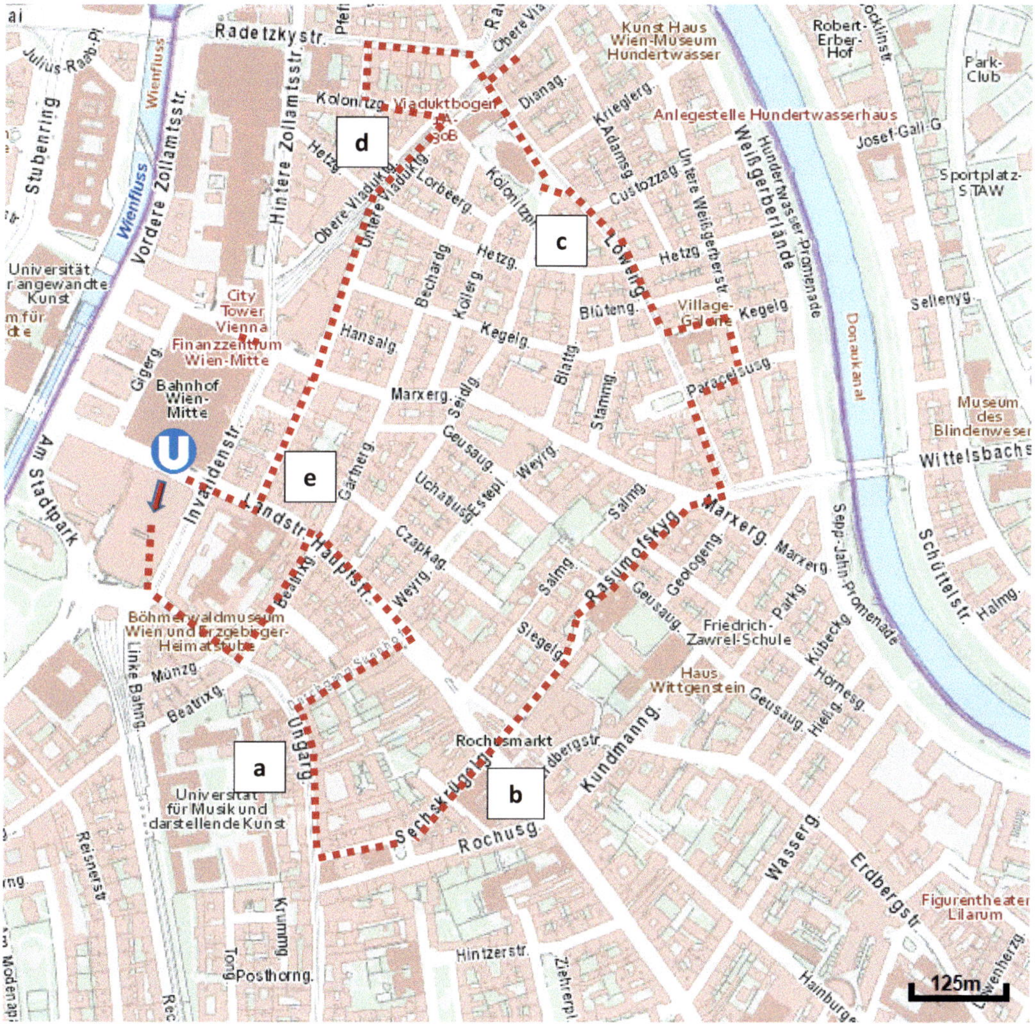

Rundgang 10. [Stadt Wien – ViennaGIS, bearb.]

Im Gebiet des heutigen 3. Bezirks, in dem seinerzeit die Zivilstadt der Römer lag, entwickelte sich im Mittelalter rund um das St. Niklas-Kloster vor dem Stubentor die Vorstadt an der Landstraße. Nordöstlich davon entstand im 16. Jhd. die Vorstadt der Weißgerber. 1850 wurden diese beiden Vorstädte sowie auch Erdberg zu Wien eingemeindet. Man fasste sie zum 3. Bezirk zusammen, der insgesamt als Landstraße benannt wurde.

Auf den Rundgängen durch die ehemaligen Vorstädte tauchen etliche christliche Spuren auf. Das sind solche von katholischer, evangelischer, orthodoxer, altorientalischer, anglikanischer und freikirchlicher Seite, die nahe beieinander liegen und die von der Vielfalt in der Christenheit zeugen. Einige Spuren zeugen auch vom früheren jüdischen Leben.

Der erste dieser beiden Rundgänge erfasst zunächst den Bereich um die untere Landstraßer Hauptstraße bis zum Rochusplatz und führt von dort in einem großen Bogen rund um das Weißgerberviertel.

a Zur Ungargasse

Im Bahnhof **Wien Mitte** kommt man vom Bahnsteig der S-Bahn im ersten Untergeschoß über den südseitigen Ausgang hinauf zur Großen Ungarbrücke. Sie überspannt den Einschnitt der Bahntrasse, die zuvor einem anderen Verkehrsweg gedient hatte, dem 1803 eröffneten Wiener Neustädter Kanal. Auf ihm brachten die Schleppschiffe die Güter bis zum Endhafen am Wienfluss. Als dieser Transport zu Wasser unwirtschaftlich wurde, übernahm die Eisenbahn die Trasse des Kanals. An der Stelle des unbenützten Hafenbeckens, bei dem vorübergehend der Eislaufsport ausgeübt wurde, erbaute man um die Mitte des 19. Jhd. den Bahnhof Hauptzollamt, den Vorgänger des heutigen Bahnhofes Wien Mitte.

10.a: Invalidenstr. 17, Landstraße im Jahr 1792

10.e: Haupteingang Elisabethinen

An der Ostseite der Großen Ungarbrücke taucht ein Wandbild in der Invalidenstraße 17 auf, das noch weiter in die Vergangenheit des Ortes zurückblicken lässt. Es ist an der Fassade eines Wohnhauses im Stil der 1930er-Jahre zu finden und zeigt eine gemalte Ansicht aus dem Jahr 1792. Im Vordergrund ist der Wienfluss zu sehen, am linken Rand das 1909 abgerissene Invalidenhaus, und in der Mitte erkennt man die Landstraßer Hauptstraße mit dem Kloster und der Kirche der **Elisabethinen**. Diese hatten sich dort im Jahr

1709 angesiedelt. Sie waren ein Zweig des katholischen Nonnenordens, der im 17. Jhd. als Gemeinschaft von Hospitalschwestern in Deutschland gegründet wurde und der sich nach seiner Patronin benannte, der hl. Elisabeth von Thüringen. Das Klosterareal mit dem Haupteingang, den man an der Landstraßer Hauptstraße erreicht, erstreckt sich bis zur Ungargasse. Es enthält auch das Krankenhaus, das die Elisabethinen einrichteten. Den Grund hatte eine wohltätige Gönnerin zur Verfügung gestellt. Auf der Landstraße nannte man die Elisabethinen liebevoll die Lieserln. Sie nahmen sich nicht nur der kranken, sondern auch der in Not geratenen Menschen an, getreu nach dem Leitspruch der hl. Elisabeth „Schau hin und handle". In dem Sinne betreiben sie auch das **Elisabethbrot**, eine Aktion, deren Ausgabestelle eine Tafel an der Hinterseite ihres Gebäudeensembles in der Ungargasse 3 ankündigt. Bei der Stelle erhalten unter Woche regelmäßig eine Reihe von bedürftigen Personen ihre Essensportionen.

Ein paar Schritte weiter kommt man zunächst an einem Zufahrtstor zum Areal der Elisabethinen vorbei und sodann zum klassizistischen Haus auf Nr. 5. Ein Medaillon schmückt seine Fassade, und aus ihm blickt ein mürrischer Beethoven in die Gasse. Er wohnte im Winter 1823/24 in dem Haus und vollendete seine 9. Symphonie. An der Ecke, an der sich eine Bierstube etablierte, kommt man in die Beatrixgasse. Auch in ihr wohnten einige bekannte Persönlichkeiten. So erinnert bei der Nr. 3 eine Tafel an den Chormusiker Adolf Kirchl, und eine bei der Nr. 4B an den Dichter Adalbert Stifter. Das Zinshaus aus der Zeit des Biedermeiers auf Nr. 4 wiederum ist nach Ignaz Ablasser benannt, einem Kirchenmaler des 18. Jhd.

An der Kreuzung mit der Landstraßer Hauptstraße stößt man bei der Nr. 11 auf den Josef-Pfeifer-Hof. Er ist ein Gemeindebau aus 1990, der einen Zugang zur U-Bahn enthält. Neben ihm erinnert eine Gedenktafel an Julius Madritsch, einen Unternehmer, der in der NS-Zeit in Krakau jüdische Arbeitskräfte beschäftigte, um sie vor der Deportation zu bewahren. Über dieser Tafel fand an der Fassade auch eine kleine Skulptur ihren Platz, die aus dem 19. Jhd. stammt und den **hl. Nikolaus** darstellt. Er lebte im 3. Jhd. und war Bischof von Myra im Gebiet der heutigen Türkei. Um ihn ranken sich einige Legenden, und man kennt ihn als den, der die Gaben am 6. Dezember bringt. Auf der Landstraße erinnert er aber an ein mittelalterliches Kloster der Zisterzienserinnen. Dieses wurde im Bereich des heutigen Rochusplatzes errichtet, bei einer dem hl. Nikolaus geweihten Kapelle, und es wurde als Santa Maria bei St. Niklas vor dem Stubentor bezeichnet. Geläufig war es als das Nikolaikloster, das bis 1529 bestand. Damals musste es den von Graf Salm geleiteten Maßnahmen zur Verteidigung gegen die osmanische Belagerung weichen, und auch eine in der Barockzeit erbaute Nikolaikirche fiel dem Abriss zum Opfer. So ist es heute der kleinen Skulptur des Nikolaus am Beginn der Landstraßer Hauptstraße vorbehalten, auf diese Vorgeschichte aufmerksam zu machen, dank derer die Gestalt des Nikolaus in seinem bischöflichen Ornat in das Bezirkswappen aufgenommen wurde.

An der Landstraßer Hauptstraße 14-16 kommt man am „Laniato" vorbei, einem Lokal das sich als Wollcafé bezeichnet. Auf der anderen Straßenseite findet man bei der Nr. 21 das Schild, das auf den Landstraßer Versammlungsraum einer freikirchlichen Gemeinschaft hinweist. Das sind die **Siebenten-Tags-Adventisten**, eine in vielen Ländern vertretene Freikirche, die in Österreich als eine religiöse Bekenntnisgemeinschaft registriert ist. Der Name leitet sich davon ab, dass die Adventisten die baldige Wiederkunft Jesu erwarten. Sie begehen den siebenten Tag der Woche und Tag des Herrn am Schabbat und feiern ihre Gottesdienste am Samstag.

→ Gottesdienste Sa 9.30.

Bei der Nr. 28 trägt ein schmucker Torbogen die Aufschrift **Sünn-Hof** samt dem Hinweis, dass das Recht des Durchgangs freiwillig eingeräumt wurde. Der Hof stammt aus 1837, aus der Zeit des Biedermeier. Damals arbeiteten in den Gewölben entlang des Durchgangs zur Ungargasse die Handwerker. Heute sind es kleine Geschäfte und ein gediegenes Hotel, welche diese malerische Passage prägen.

In der Ungargasse 27 steht der Neue Streicherhof. In ihm betrieb die Familie Streicher im 19. Jhd. eine Klavierfabrik. Das Gebäude verfügte in seinem ersten Stock auch über einen Konzertsaal, in dem Musiker wie Johannes Brahms auftraten. In dem Saal versammelt sich heute die Gemeinde Wien-Landstraße der **Neuapostolischen Kirche**. Diese freikirchliche Gemeinschaft entstand im 19. Jhd., kam von Deutschland aus auch nach Österreich und ist als Kirche anerkannt. Wie das ihre Bezeichnung ausdrückt, geht sie von einer Erneuerung des Dienstes der Apostel aus, indem sie von einem Stammapostel und weiteren bestellten Aposteln geführt wird. Die Landstraßer Gemeinde in Wien adaptierte den ehemaligen Konzertsaal und positionierte einen Altar an der Seitenwand, um den sich die Gläubigen im Halbkreis scharen.

→ Gottesdienste So 9.30, Mi 19.30.

Bei der Ungargasse 38 erblickt man ein großes Kreuz am obersten Stockwerk. Das wies auf das Stephanushaus hin, das seit 1964 als ein Gästehaus und Priesterwohnheim der Erzdiözese fungierte. In ihm wohnten auch die Ordensfrauen der Benediktinerinnen des Unbefleckten Herzens Mariens, welche die

Gäste betreuten. Als sie diese Aufgabe nicht mehr bewältigen konnten, hat die Erzdiözese das Haus der Caritas überlassen, die das Haus einer neuen Nutzung zuführte. Es wurde zu einem Hotel umgebaut, aber nicht einem wie viele andere in Wien, sondern zu **Magdas Hotel**, einem Sozialprojekt, das man mag. Es eröffnete 2022 seinen Hotelbetrieb. In diesem bietet man jungen Menschen, die aus ihrer Heimat fliehen mussten, eine Lehre und eine Arbeitsstelle an. Das Hotel sollte auch ressourcenschonend eingerichtet werden. So finden sich im Rahmen seiner neuen Einrichtung einige Lampen und Möbelstücke aus dem Priesterwohnheim wieder. Teile des ehemaligen Beichtstuhls fanden gar dadurch eine weitere Verwendung, dass sie in der Bar eingebaut wurden. Die Kapelle in dem hellen Raum im Dachgeschoß mit der alten Skulptur des Stephanus blieb aber unverändert erhalten. Dieser Raum steht weiterhin den Gästen des Hauses als ein Ort der Andacht zur Verfügung.

10.a: Karl-Borromäus-Brunnen

10.d: Obere Viaduktgasse 17

In der Sechskrügelgasse spaziert man am Gebäude des Amtshauses für die Landstraße vorbei. In ihm ist das Bezirksmuseum untergebracht, in dessen Räumen allerhand zur lokalen Geschichte zu erfahren ist. Ein Raum ist besonders den jüdischen Frauen und Männern gewidmet, die in der Zeit vor 1938 im Bezirk lebten.

Den kleinen Platz vor dem Amtshaus schmückt das Rondeau des dekorativen **Karl-Borromäus-Brunnens**, den einige Bäume beschatten und in dessen Becken das Wasser plätschert. Er trägt so wie der Platz den Namen jenes Karl Borromäus, der im 16. Jhd. lebte, Erzbischof von Mailand und ein Vertreter der Gegenreformation war, der die Protestanten verfolgte. Als dann die Pest ausbrach, machte er sich besonders und mit einem großen persönlichen Einsatz um die Versorgung der Kranken verdient. So erkor man ihn in Wien des 18. Jhd. zum Patron der barocken Kirche, die Kaiser Karl VI. stiftete, als wieder einmal die Pest wütete. Diese Kirche, die heute den Karlsplatz beherrscht, ist also nach dem Pestheiligen benannt worden, dessen Vornamen auch der stiftende Kaiser trug.

Viel später als die Karlskirche entstand der Karl-Borromäus-Brunnen. Er ist ein Kunstwerk aus der Zeit des Jugendstils zu Beginn des 20. Jhd. So wie bei der Karlskirche korrespondiert aber auch im Fall des Brunnens der Name des Patrons mit dem eines weltlichen Repräsentanten. Das war damals der Wiener Bürgermeister Karl Lueger. Den Brunnen gestalteten der Bildhauer Josef Engelhart und der Architekt Josef Plečnik. Sie schufen ein Kunstwerk, an dessen drei Seiten Szenen aus dem Leben von Karl Borromäus zu sehen sind, wobei die Figuren an der Stirnseite der Heilung einer Frau gelten. Diese Szene ist kurz und bündig mit der Quintessenz untertitelt: „Über Allem die Liebe“.

b Über den Karl-Borromäus-Platz zur Kegelgasse

Der Sechskrügelgasse folgend kommt man zum **Rochusmarkt** und dem neuen Zentrum der Post an der Nordseite des Rochusplatzes. Bevor dieses 2017 fertiggestellt wurde, tat sich an der Stelle eine große Baugrube auf, die weit in die Vergangenheit zurückblicken ließ. Damals konnten die Archäologen einige Funde aus dem Untergrund des Ortes bergen und die vielen Epochen seiner Vorgeschichte aufzeigen. Er war schon in der Jungsteinzeit besiedelt, und zur Zeit der Kelten und der Römer. Ab dem 12. Jhd. gab es eine dörfliche Siedlung um die Nikolaikapelle und das Nikolaikloster. Das wurde im 16. Jhd. abgerissen, wie auch die später an der Stelle errichtete barocke Nikolaikirche. In der Folge etablierte sich ein Blumen- und ein Lebensmittelmarkt. Die heutige Gestalt erhielt der Markt bei seiner Erneuerung, die nach dem Bau der U-Bahn-Station am Rochusplatz nötig wurde. Heute ist der Markt ein kleiner, aber feiner bunter Flecken am Platz und verfügt über eine Gruppe fester Stände, einige kleine Imbisslokale und auch ein paar mobile Verkaufstische an der Nordostecke.

Beim Postgebäude wendet man sich der Rasumovskygasse zu. Das Eckhaus zur Nr. 34 ziert ein großes Reliefbild, das mit den Worten „Erhebet die Herzen“ untertitelt ist, und im weiteren Verlauf der Gasse strebt man dem klassizistischen Palais bei der Nr. 23-25 zu, nach dem die Gasse benannt wurde. Dieses Palais hatte der russische Gesandte Andrej K. Rasumovsky zu Beginn des 19. Jhd. erbauen lassen. Er war ein Kunstmäzen seiner Zeit, und auch heute birgt das Palais einige Kunstobjekte in Gestalt einer privaten Sammlung zeitgenössischer Werke. Das Haus gegenüber auf Nr. 20 ist schlichter und gehörte ursprünglich zu den Stallungen des Fürsten. In dem Gebäude wohnte in der Zwischenkriegszeit der Dichter Robert Musil, ehe er 1938 ins Exil in die Schweiz ging. Er war so wie etwa auch Karl Farkas einer der bekannten Gäste des „Café Zartl“, das sich in dem Gründerzeithaus in der Rasumosvkigasse 7 und an der Ecke zur Marxergasse etablierte. Das schon seit mehr als hundert Jahren bestehende Kaffeehaus bewahrte seinen vorstädtischen Charme, und die Gäste von heute schätzen es, dass es nicht zu sehr mit der Zeit geht.

An der Kreuzung folgt man nordwestwärts der Löwengasse bis zum Rudolf-von-Alt-Platz. Er erinnert an den Maler, dem viele Ansichten aus dem Wien des 19. Jhd. zu verdanken sind, so auch eine Reihe von Bildern vom Stephansdom und das vom Leopoldstädter Tempel. Das Gebäude am Rand des Platzes in der Löwengasse 47 ist das zu Beginn des 20. Jhd. errichtete Palais des Beaux Arts. Seine Fassade besticht mit historistischen Elementen genauso wie mit solchen der französischen Moderne zur Zeit des Jugendstils. Es sollte ein Zentrum für die Welt der Haute Couture sein, und so prägen es die eleganten großen Frauenfiguren am Dachgeschoß, die die Weltkugel vor sich hertragen. Heute ist das Haus eines, das der Welt der Diplomatie insofern dient, als es die Botschaften von zwei Ländern beherbergt.

Bei diesem Palais biegt man in die Paracelsusgasse ab und erreicht die Untere Weißgerberstraße. Ihre Bezeichnung verweist auf die Vorstadt der Weißgerber am Donaukanal, in der man seit dem 16. Jhd. jene Handwerker ansiedelte, die Tierhäute gerbten und dabei einen unvermeidbaren Gestank verbreiteten. Unangenehme Gerüche waren auch mit der Arbeit der Fleischer verbunden, die ebenfalls in der Gegend werkten. Heute ist das Weißgerberviertel hingegen eine attraktive Wohngegend.

In der Kegelgasse kommt man zu dem meistbesuchten Ort im Grätzel, dem **Hundertwasser-Haus**. Es befindet sich an der Ecke zur Löwengasse und ist ein städtisches Wohnhaus, an dem der Künstler Friedensreich Hundertwasser seine Ideen zu einer menschen- und naturgerechten Gestaltung umsetzen konnte. Die Fassade ist mehrfarbig, die Dachflächen sind üppig begrünt, und gerade Linien und ebene Flächen suchte man zu vermeiden. Solcherart schaffte es dieses Bauwerk in den Kreis der touristischen Sehenswürdigkeiten vorzudringen. Auch das Haus gegenüber in der Kegelgasse, das als Verkaufspavillon dient, ist ähnlich ausgestaltet worden.

Inmitten all dieser Attraktionen könnte die weniger auffällige **Gedenktafel** in der Kegelgasse 40 leicht übersehen werden. Sie erinnert an die mittelalterliche Judenverfolgung, die Wiener Gesera des Jahres 1421, deren letzter Akt am Richtplatz auf der Gänseweide beim Donaukanal stattfand. Damals wurden an der Stelle etwa zweihundert jüdische Opfer am Scheiterhaufen hingerichtet. Wer die obere Kante der Gedenktafel genau mustert, bemerkt auf dem schmalen Rand auch einige kleine Steine. Sie liegen nicht zufällig dort. Nach der jüdischen Tradition legt man auf die Gräber und Grabdenkmäler Steine, die an die Toten erinnern. Sie sind unvergänglich, und die Seelen sind es auch.

c Zur Othmarkirche

In der Löwengasse 28 kommt man am Fälschermuseum vorüber, einem der vielen kleinen Museen in Wien, die sich speziellen Themen widmen. In seinen Gewölben werden bekannte Fälle aufgezeigt, in denen Kunstwerke gefälscht oder kopiert wurden. Zwei Schauspielmasken und ein Löwenrelief sind es, die die Fassade des Hauses Nr. 33 zieren. Sie erinnern an die frühere Heimstätte des Löwenkinos, in die ein Supermarkt schlüpfte. Und am Haus Nr. 35 ist das Relief einer Windsbraut zu entdecken, samt dem weisen Satz „Nütze die Zeit, sie eilt".

10.b: Gedenktafel in der Kegelgasse 40

10.c: Turmspitze der St. Othmar-Kirche

Bei der Nr. 14 erreicht man den Kolonitzplatz. Seine Bezeichnung verweist auf den Wiener Erzbischof Sigismund Graf Kollonitz bzw. Kollonitsch, der aus der Familie stammte, aus der auch Bischof Leopold Karl Graf Kollonitsch hervorging, der mit der Geschichte der Leopoldskirche verbunden ist. Sigismund Kollonitsch wirkte in der ersten Hälfte des 18. Jhd. und gründete das Landstraßer Armen- und spätere Invalidenhaus. Den nach ihm benannten Platz dominiert die weithin sichtbare **St. Othmar-Kirche** mit ihrem 80 Meter hohen Turm. An ihrer Stelle hatte es zuvor bereits eine Kirche bei den Weißgerbern gegeben, die 1683 abbrannte. Den Neubau im 19. Jhd. förderte Kardinal Othmar von Rauscher, der den Architekten und Dombaumeister Friedrich von Schmidt heranzog, der auch das Wiener Rathaus entwerfen sollte. Das neugotische Kirchengebäude aus Backstein ist dann im Jahr 1873 auf den hl. Othmar geweiht worden, der auch der Namenspatron des Kardinals war.

Heute ist das Gotteshaus das der katholischen Pfarrgemeinde St. Othmar unter den Weißgerbern, die von dem aus Polen stammenden Orden der Resurrektionisten betreut wird, der auch die Gardekirche am Rennweg in seiner Obhut hat. Die Pfarre von St. Othmar hat ihre Kanzlei am Kolonitzplatz 1. Sie bietet unter ihren Aktivitäten etwa ein Lerncafé für die Kinder aus der benachbarten Schule an, und in ihr wird sogar ein Craft-Bier gebraut. Dieses Othmar-Bräu wird auch am Adventmarkt vor der Kirche verkauft, um mit dem Erlös ein Schulprojekt in Ecuador zu unterstützen.

→ Gottesdienste So 8.00, 10.00; Di, Sa 18.30; Do 6.00; Mi, Fr 8.00. Geöffnet Di, Do 8:00 - 12:00; Di 16:00 - 19:00; Mi, Fr. 9:00 - 13:00.

Wenn man vor der Kirche zur Spitze des Turms hinaufblickt, sieht man an ihr einen Stern mit sonnigen Strahlen und einen Mond in der Form einer Sichel. Sie gehen auf eine jahrhundertealte Tradition zurück und wurden als christliche Symbole an den Spitzen von Kirchtürmen angebracht. Eine Spitze mit Sonne und Mond hatte auch der Steffl, bevor die osmanische Gefahr vor Wien auftauchte. Danach sah man im Mond das feindliche Symbol des Halbmonds und entfernte diese Spitze von St. Stephan. Seither überragt den Turm das Kreuzzeichen als das unmissverständliche christliche Symbol für die Erlösung. Die alte Spitze des Steffl mit dem Stern und dem Mond ist noch im Wien Museum am Karlsplatz zu bestaunen.

Eines der Lichtzeichen, die auf die zerstörten jüdischen Gotteshäuser hinweisen, taucht bei einem kurzen Abstecher in die Obere Viaduktgasse 17 auf. Dort erinnert es an die **Vereinssynagoge** des Weißgerberviertels. Sie stammte aus 1870 und bot 120 Personen Platz, ehe sie beim Novemberpogrom 1938 verwüstet wurde. Einige bauliche Reste von ihr sind in einem Teil des Gebäudes im Hinterhof noch erhalten, der aber nicht zugänglich ist.

Unter dem Viadukt der Bahntrasse hindurch erreicht man den kreisförmigen Radetzkyplatz, den die Autos queren und einige gastliche Lokale umrahmen. Der Platzhirsch unter ihnen ist das „Gasthaus Wild“ mit seiner Wiener Küche und dem großen Gastgarten. In der Radetzkystraße 6 kommt man zum Geburtshaus des Schriftstellers Anton Wildgans, der 1881 das Licht der Welt erblickte. Er schilderte die Radetzkystraße in seiner Erzählung „Musik der Kindheit“ als eine, die zu Ende des 19. Jhd. von „ockergelb gestrichenen Zinshäusern“ geprägt wurde. Solche findet man heute noch in der Straße.

d Zur armenischen Kirche

Durch die Matthäusgasse, die nach dem Bezirksvorsteher des 3. Bezirks benannt wurde, der sich um die Errichtung einer selbstständigen Pfarre bei der St. Othmar-Kirche eingesetzt hatte, erreicht man die Kolonitzgasse und die Fähnchen bei ihrer Nr. 11. Sie sind der Fingerzeig, der auf die armenische Kirche von **St. Hripsime** hinweist, die sich hinter dem Tor im Hof des Hauses verbirgt. Die Armenisch-Apostolische Kirche, die in Österreich seit 1972 staatlich anerkannt ist, ist eine der orientalisch-orthodoxen Kirchen, deren Wurzeln bis auf die Zeit der Apostel zurückgehen. In Armenien hatten Thaddäus und Bartholomäus missioniert. In Wien traten die Armenier im 17. Jhd. als Kaufleute in Erscheinung. Einer von ihnen, Johannes Diodato, wurde als der bekannt, der sich zur Zeit der Zweiten Türkenbelagerung von 1683 als sprachenkundiger Kurier verdient machte und 1685 das erste Kaffeehaus in Wien in der Rotenturmstraße eröffnen durfte. Ein armenisches Glaubensleben gab es in Wien seit dem 18. Jhd., eine eigene Gemeinde seit dem Beginn des 20. Jhd. Dieser gelang es schließlich in den 1960er-Jahren, das Kirchengebäude in der Kolonitzgasse zu errichten. Zu Hilfe kam ihr dabei eine großzügige Spenderin, Rose Tricky, die als Hripsime Haladjian in Armenien geboren wurde. 1968 konnte die neue Kirche auf die hl. Hripsime eingeweiht werden. Diese hatte der Überlieferung zufolge eine vornehme römische Abstammung und lebte als Christin im 4. Jhd. in Armenien. Der König soll sie zur Frau begehrt haben, was sie aber ablehnte. Er ließ Hripsime mitsamt ihren christlichen Gefährtinnen umbringen, und ihr Martyrium soll letztlich die Bekehrung des Königs ausgelöst haben.

Die Kirche in der Kolonitzgasse ist ein niedriges Bauwerk in der Ecke des Hofes, das ganz in der Art der altarmenischen Kirchen errichtet wurde. Die Pläne dazu hatte der armenische Architekt Eduard Sarabian entworfen. Durch den Eingang betritt man einen Raum, in dem nach der armenischen Tradition der Altarraum derart erhöht angelegt wurde, dass die Gläubigen die Kommunion stehend empfangen können. Die Abgrenzung bildet nicht wie in den orthodoxen Kirchen eine Ikonostase, sondern so wie in den jüdischen Tempeln ein Vorhang. Auf dessen Schiene prangen die in Armenisch geschriebenen Worte Christi, die proklamieren, dass er das Licht der Welt ist.

→ Gottesdienste So 11.00; geöffnet So 9.00 - 13.00.

Im Hof findet man auch ein Denkmal, das als ein zeitgenössisches Kunstwerk einen stilistischen Gegenpol zur Kirche zu bilden scheint. Es knüpft aber auch an die Geschichte an und erinnert im Besonderen an den Völkermord an den Armeniern während des Ersten Weltkrieges. Seiner Form nach symbolisiert das Denkmal den hohen Berg Ararat, zu dessen Konturen sich die kräftigen metallenen Arme aufwölben und der für Armenien, auch wenn er heute auf dem Gebiet der Türkei liegt, ein nationales Symbol darstellt. Dieser Berg soll es einst gewesen sein, auf dem die Arche landete, in der Gott Noah und seine Familie vor der Sintflut bewahrte, und von Aram, einem Nachfahren Noahs, leitet sich der Name Armenien ab.

10.d: St. Hripsime und das Denkmal im Hof

10.d: Kreuz am Armenierplatz

Im Gebäude in der Kolonitzgasse 11 sind weiters auch das Pfarrbüro sowie die Hovhannes-Shiraz-Schule samt Kindergarten untergebracht. Die Schule ist eine Einrichtung, in der die armenischen Kinder samstags in der Religion sowie in der Geschichte, Kultur und Sprache des Landes unterrichtet werden. Der kleine Platz, der nebenan an der Ecke zur Oberen Viaduktgasse liegt, wurde 2001 als **Armenierplatz** benannt. Auf ihm steht seither eine Skulptur in der Form eines armenischen Kreuzes. Das verweist auf das langjährige christliche Erbe des Volkes, welches schon im 4. Jhd. das Christentum als Staatsreligion annahm.

e Zu den Elisabethinen auf der Landstraße

Vom Armenierplatz aus zwängt man sich durch einen engen niedrigen Fußgängertunnel unter der Bahn hindurch in die Untere Viaduktgasse. Ein Madonnen-Medaillon kennzeichnet das Haus Nr. 55, an dem auch eine

Gedenktafel für Alexander Freud zu finden ist. Der ältere Bruder von Sigmund Freud wohnte dort in der Nähe des Hauptzollamtes und war ein Fachmann für die Zoll- und Tariffragen im Bahntransport. 1938 musste er aus Wien flüchten.

An der Landstraßer Hauptstraße 4 trifft man schließlich auf die Stirnseite der **Kirche** und des **Klosters** der **Elisabethinen** mit ihrem Haupteingang. Das barocke Bauwerk fällt mit seinen markanten Fensterkörben ins Auge, welche die Fassade an der Landstraßer Hauptstraße prägen. Gestaltet hat es Franz Anton Pilgram, der niederösterreichischer Landesbaumeister war. Barock ist auch das Innere der Kirche ausgeschmückt. In ihr hängt ein großes, der hl. Elisabeth gewidmetes Gemälde über dem Hauptaltar.

→ Gottesdienste Mo bis Sa 9.00.

In den Bereich des Krankenhauses und der Pflegeeinrichtungen, wie sie sukzessive in das klösterliche Arreal eingefügt wurden und sich um seine Höfe scharen, kommt man durch den Torbogen bei der Nr. 4a. Ein moderner Empfangsraum und eine allgemein zugängliche Café-Lounge deuten schon an, dass in den vergangenen Jahre einige Neuerungen Einzug hielten. Im Zuge derer wurde der Betrieb des Elisabethspitals mit dem des Hartmannspitals im 5. Bezirk gekoppelt. Dieses Spital, das nach dem Namen seiner Gasse geläufig ist, ist so wie das Elisabethspital ein von franziskanischen Nonnen gegründetes Krankenhaus. Die beiden Spitäler werden nun von einer gemeinsamen Betriebsgesellschaft geführt, wobei das der Elisabethinen als das **Franziskus Spital Landstraße** firmiert. Seinem alten Trakt mitsamt seiner Hauskapelle fügte man einige An- und Zubauten hinzu, um das zukunftsorientierte Ausbaukonzept zu einem Zentrum für **Menschen im Alter** umzusetzen. Dabei kamen zum Krankenhaus die Stationen der Akutgeriatrie und der Palliativpflege hinzu sowie ergänzende Einrichtungen zur Übergangspflege und zur Rehabilitation. Ein weiteres Haus dient der Langzeitpflege, und das betreibt der Souveräne Malteserorden, ein Laienorden, der schon zur Zeit der Kreuzzüge entstanden war und sich bis heute der Betreuung von Alten und Kranken annimmt. Inmitten des runderneuerten Areals der Elisabethinen, in das sich die Zubauten behutsam einfügen, stecken aber weiterhin einige Kleinode von den Anfängen des Klosters im 18. Jhd. So überstand ein Maulbeerbaum im hinteren Hof die Zeiten, und im Konventstrakt blieb die barocke Anstaltsapotheke aus der Zeit Maria Theresias erhalten, die im Rahmen von Führungen besichtigt werden können.

Von den Elisabethinen geht es dann über die belebte Kreuzung mit der Invalidenstraße zum Ausgangspunkt am Bahnhof Wien Mitte zurück.

11. Mitten im Dritten

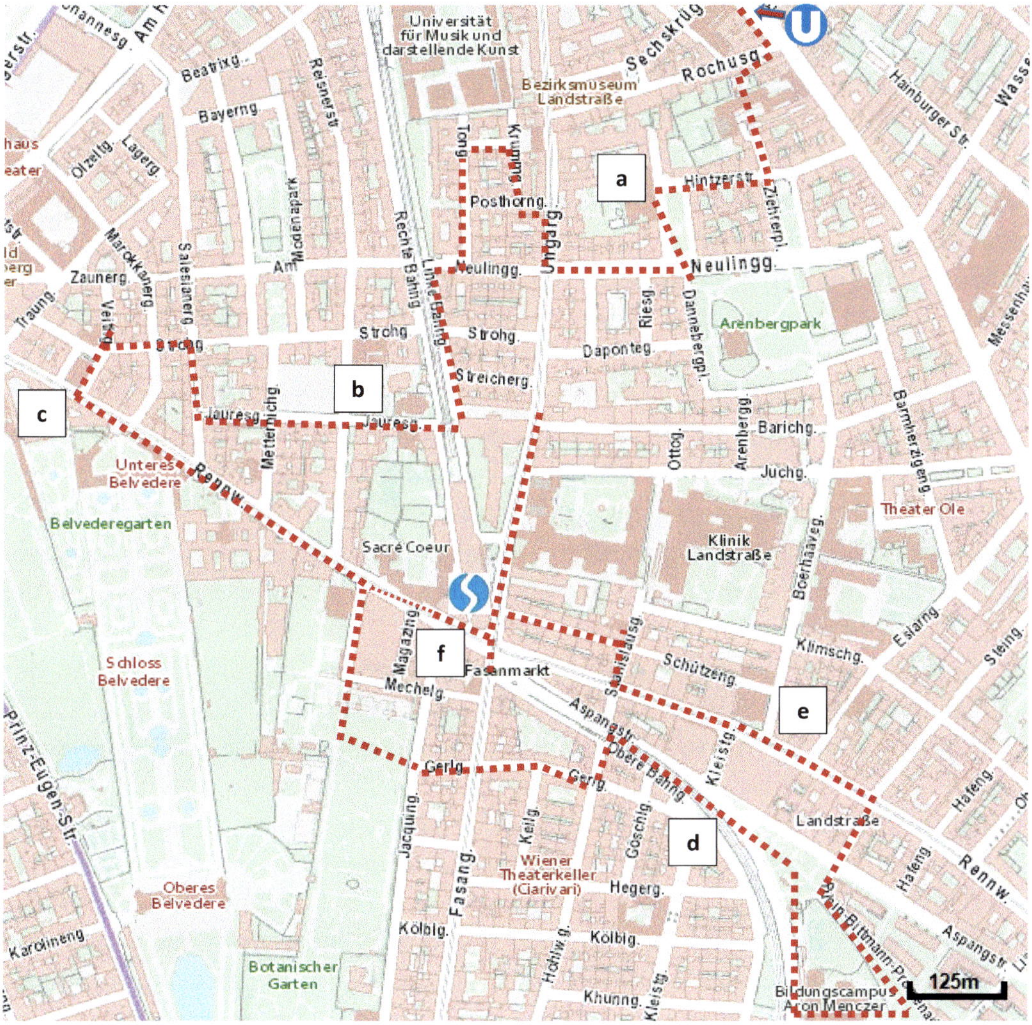

Rundgang 11. [Stadt Wien – ViennaGIS, bearb.]

Der Rundgang geht von der U-Bahn-Haltestelle am Rochusplatz aus und führt durch zentrale Teile des 3. Bezirks. Die lange Wegstrecke bietet sich auch dafür an, sie in Etappen zu gliedern: in eine erste, die die Abschnitte a bis c umfasst und bis zur S-Bahn-Haltestelle Rennweg reicht, sowie in eine zweite zu den Abschnitten d bis f.

Im Verlauf des Rundgangs begegnet man einigen weiteren Beispielen für die Vielfalt christlicher Spuren und einigen Zeichen des Gedenkens an das frühere jüdische Leben.

a Von der Rochuskirche zur Pauluskirche

Die Südseite des Rochusplatzes wird von der Eingangsfassade der **Rochuskirche** mit ihren beiden Türmen beherrscht. Genau genommen ist sie die Kirche St. Rochus und Sebastian, denn zum ursprünglichen Patron, dem hl. Sebastian, kam der hl. Rochus hinzu. Er galt auch als ein Schutzheiliger gegen die Pest, die bei ihrer Welle von 1679 zwei Drittel der Bevölkerung in der Landstraßer Vorstadt hinwegraffte. Das Kloster und die Kirche an der Landstraßer Hauptstraße waren schon einige Jahrzehnte davor errichtet worden, vom Orden der Beschuhten Augustiner. Ihr Kloster bestand bis zum Jahr 1812. Sein Trakt schmiegt sich ostseitig an die Kirche an und enthält heute die Pfarrkanzlei. Im Hof des Gebäudes, in den eine Mariengrotte eingefügt wurde, kann man noch zwei Flügel des ehemaligen Kreuzganges erkennen. An die Augustiner erinnert die große Skulptur ihres Patrons, des hl. Augustinus, die man am Giebel zwischen den beiden Türmen der Kirche entdeckt.

Inmitten der barocken Innenausstattung besticht die Kanzel mit ihrem weißen Figurenschmuck. Obenauf am Schalldeckel erkennt man die Gesetzestafeln, und am Rand sitzen die Figuren für den Glauben, die Hoffnung und die Liebe. An der Unterseite des Deckels scheint die Taube als das Zeichen für den hl. Geist gleichsam über den Menschen zu schweben, und die Figuren an der Kanzel sind wohl die personifizierten Geistesgaben.

Das große Gemälde, das einem über dem Hochaltar entgegenblickt, knüpft an die Pestplage an. Oben in der himmlischen Region sind einige Pestheilige zu sehen. Am unteren Rand, den der Altar verdeckt, erkennt man die kranken und die verzweifelten Menschen. Einer von ihnen deutet das zentrale Thema an, indem er die Hand zum Himmel ausstreckt und die Hilfe Gottes erfleht. Im Hintergrund zeigt sich der Schauplatz, die Stadt Wien mit ihren Mauern und dem Turm von St. Stephan. Dieses Gemälde schuf der Wiener Barockmaler Peter Strudel, der einer Familie aus Südtirol entstammte. Sein älterer Bruder Paul war es, der mit der Gestaltung der von Leopold I. gestifteten Pestsäule am Graben beauftragt wurde. In der Rochuskirche findet man über dieses Gemälde von Peter Strudel hinaus auch noch ein zweites und ähnlich aufgebautes Bild zu dem Thema der Pest. Das ist eine Vorläufer-Version, die heute über dem Taufstein und der Türe zum Klostertrakt an der linken Seitenwand hängt. Auf dieser Darstellung sieht man unter der Himmelsszene die kaiserliche Familie um Leopold I. auf ihren Knien versammelt, und im Hintergrund erkennt man die Stadt Wien, wie sie sich aus der Perspektive des Donauarms präsentierte. Aus beiden Bildern geht aber vor allem hervor, wie sehr die Pest die Menschen des 17. Jhd. plagte. Diese Seuche scheint heute gebannt zu sein, andere

Epidemien sind es nicht, und sie halten offensichtlich mit der Globalisierung Schritt. Das Thema überdauert jedenfalls die Zeiten.

Die Pfarre der Rochuskirche wird seit 1979 von den Patres der Wiener Kongregation des Oratoriums des hl. Philipp Neri betreut. Das Oratorium, das dem Wort nach auf den Raum des Gebets verweist, ist eine ordensähnliche Gemeinschaft von Weltpriestern. Ihr Vorbild, Philipp Neri, lebte im 16. Jhd. in Italien in einer Gemeinschaft, die sich auf das Gebet, das Wort der Bibel und den hl. Geist konzentrierte. Heutzutage sind es die Priester dieser Kongregation, welche die zahlreichen Messen in der Rochuskirche zelebrieren. Einige von ihnen werden in Latein und einige nur während des Schuljahres gefeiert.

→ Gottesdienste So 8.00, 9.30, 11.00, 12.00, 18.30; Mo bis Sa 7.00, 8.00, 18.30. Die Kirche steht tagsüber und bis ca. 22.00 Uhr offen.

11.a: Rochusplatz mit Rochuskirche

11.c: Johannes Paul II. vor der Gardekirche

Neben der Kirche gelangt man in der Rochusgasse 3-5 zu einem städtischen Wohnhaus aus den 1970er-Jahren. Es trägt den Namen von Frieda Nödl, einer sozialdemokratischen Funktionärin, die während des Ständestaates und in der NS-Zeit verfolgt wurde. Dieses Haus scheint gleichsam der querenden Pfarrhofgasse den Weg zu verstellen. Es lässt aber auch einen Durchgang zu den Gärten an der Ostseite offen, wo sich hinter der Hecke die Bronzeskulptur einer Tänzerin versteckt, die die Vorbeikommenden zu mustern scheint. Beim Gebäude des Oberstufenrealgymnasium wird die Pfarrhofgasse wieder sichtbar, und aus ihr geht es über die Hintzergasse zum Sebastianplatz.

Sein Name ist von dem hl. Sebastian als dem Patron der katholischen Kirche am Rochusplatz abgeleitet. Das große violette Kreuz am Haus auf Nr. 4

verweist aber auf ein evangelisches Gotteshaus, die **Pauluskirche**. Ihr Bau war schon in den 1930er-Jahren geplant gewesen und verzögerte sich wegen des Weltkrieges bis in die 1960er-Jahren. Damals errichtete man ein Wohnhaus, in das die Kirche eingebettet wurde. Sie betritt man durch einen kleinen Vorraum und kommt in den Gemeindesaal mit seiner Galerie. Das Licht fällt von den Seiten her ein, die mit Glasfenstern und ihren farbigen Bildern verkleidet sind. Sie zeigen in der unteren Reihe Szenen aus dem Leben des Paulus und in der oberen Reihe solche aus dem Leben Jesu. Hoch über dem Altar hängt das Kreuzzeichen, das zentrale Symbol im Raum. Das signalisierte in den Jahren nach dem Zweiten Weltkrieg, als die Kirche gebaut wurde, auch, dass man zu Christus aufblicken soll, und nicht zu einem irdischen Führer.

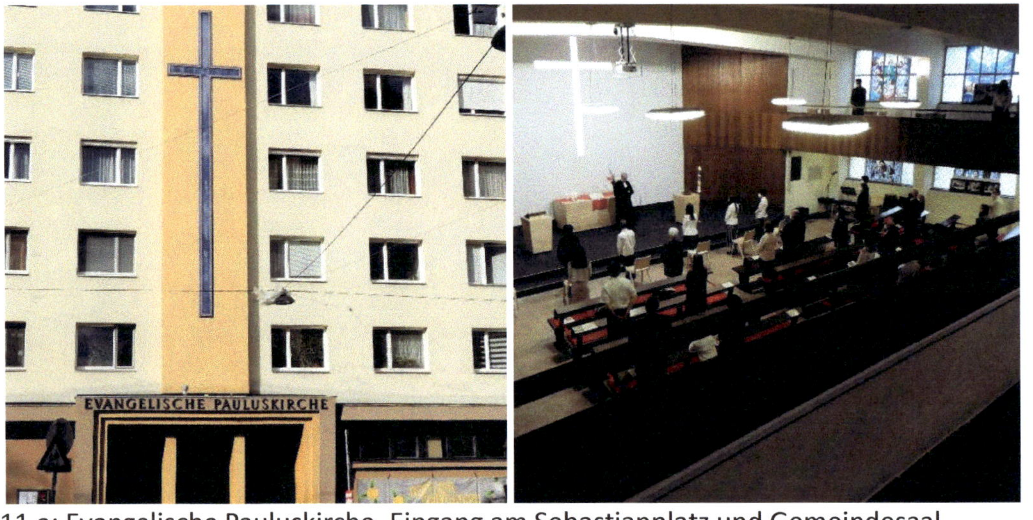

11.a: Evangelische Pauluskirche, Eingang am Sebastianplatz und Gemeindesaal

Dass es gilt wachsam zu bleiben, das geht auch aus einigen Details hervor, die sich in den Glasfenstern zeigen. Sie wurden von Rudolf Böttger gestaltet, einem Künstler mit NS-Vergangenheit. Er stellte etwa Jesus als arischen Menschen dar, wogegen die Gelehrten um ihn herum verletzende jüdische Merkmale aufweisen. Davon distanziert sich die Gemeinde der Pauluskirche heute mit einem erklärenden Text, aber auch optisch. So ließ sie die Bilder unlängst verhüllen. Nur Aussparungen in Form der Worte Glaube, Hoffnung und Liebe gewähren den Durchblick. Diese Worte sind es auch, die Paulus in seinem Brief an die Korinther proklamierte und die den Leitsatz für die Pauluskirche bilden.

Ihre Gemeinde ist die evangelische Pfarrgemeinde A.B. Wien-Landstraße. Sie bietet vor und nach ihren Sonntagsgottesdiensten die Gelegenheit zur geselligen Gemeinschaft, und an den Wochentagen Veranstaltungen für ältere

Menschen oder für Kinder. Solche beleben das Gebäude auch im Rahmen des evangelischen Kindergartens, der über einen Spielplatz im grünen Innenhof verfügt.

→ Gottesdienste So 17.00.

b Zur russisch-orthodoxen Kathedrale und zur Christ Church

Einen noch größeren Grünraum bietet der nahe **Arenbergpark** an der Neulinggasse. Er war in der Barockzeit rund um ein Palais von Nikolaus I. Joseph Esterházy angelegt worden, einem Fürsten, den man nicht von ungefähr den Prachtliebenden nannte. Das Palais kam in der Folge in den Besitz der Familie Arenberg, der Garten wurde zur städtischen Grünanlage, und rund um sie errichtete man zu Beginn des 20. Jhd. die eleganten Wohnhäuser am Dannebergplatz. Der Zweite Weltkrieg hinterließ auch mitten in diesem Park zwei Monster von Flaktürmen. An seinem Rand zur Neulinggasse steht aber auch ein zarteres Türmchen. Das ist ein Pavillon, der noch aus der Zeit des Esterházy'schen Gartens erhalten blieb und heute als „Café Meierei" betrieben wird.

Durch die Neulinggasse geht es westwärts weiter zur Posthorngasse und in die Krummgasse. In ihrer Krümmung kommt man an der Rückseite von „Magdas Hotel" und seiner Terrasse vorbei, dem sozialen Projekt der Caritas, dessen Haupteingang in der Ungargasse liegt. Ein paar Häuser weiter stößt man in der Krummgasse 7 auf das **Haus Bethel** und ein soziales Projekt der Baptisten. Sie verfügen über einen eigenen Hilfsverein, der eine der Hilfsorganisationen ist, die unter dem Dach der Diakonie Österreich zusammenarbeiten. Das Haus Bethel ist seiner hebräischen Bezeichnung nach ein Haus Gottes, und es war auch ein Geschenk von ihm. Eine gläubige Frau namens Gertrude Hofmann hatte es für einen guten Zweck hinterlassen, und in dem Haus konnte das soziale Wohnprojekt der Baptisten umgesetzt werden, bei dem Studierende unter einem Dach zusammenleben. In dem Haus hat auch der freikirchliche Bund der Baptistengemeinden seinen Sitz, dem in Wien elf Gemeinden angehören. Eine von ihnen ist die junge projekt:gemeinde, die 2001 im Haus Bethel gegründet wurde. Sie verfolgt soziale Projekte insb. für Flüchtlinge und ihre Integration. Die Sonntagsgottesdienste feiert die Gemeinde derzeit abwechselnd im alten Haus in der Krummgasse 6 und im Haus eines anderen Projekts, im Donauhof in der Engerthstraße im 2. Bezirk.

Über die Tongasse und die Neulinggasse zur Linken Bahngasse gelangt, quert man die Bahntrasse. An ihrer gegenüberliegenden Seite steht die russisch-orthodoxe **Kathedrale** zum **hl. Nikolaus**. Ihre goldenen Zwiebelhelme tauchen wie Leuchttürme inmitten des Häusermeers auf, und sie reflektieren das

Sonnenlicht. Der große Turm in der Mitte steht für Christus, die vier kleineren symbolisieren die vier Evangelisten. Die Kirche wurde gegen Ende des 19. Jhd. am Gelände der russischen Botschaft in der Jaurésgasse und in der Art der russischen Kathedralen erbaut. Sie wirkt wie eine kleine Schwester der Moskauer Basilius-Kathedrale und wurde 1899 eingeweiht. In den Jahren des Ersten Weltkrieges blieb sie geschlossen, und auch lange danach, bis man sie nach dem Zweiten Weltkrieg erneut einweihte. Ihren heutigen Glanz verdankt sie einer umfassenden Renovierung in den Jahren 2003 bis 2008.

11.b: Kathedrale zum hl. Nikolaus

11.c: in der Kathedrale zum hl. Sava

Vier mächtige Säulen und die hohe Kuppel mit dem Kronleuchter prägen den Raum der Oberkirche. Auf der reich vergoldeten Ikonostase sind neben Christus auch Nikolaus als Patron der Kirche sowie Fürst Alexander Nevskij dargestellt, den die Russisch-orthodoxe Kirche heiligsprach. Die Wände wurden mit Fresken im byzantinischen Stil ausgeschmückt, mit Szenen aus dem Leben Jesu, dessen Konterfei den Gläubigen aus der Apsis entgegenblickt. Ganz oben in der Laterne der Kuppel ist der Thron abgebildet, wie ihn Christus bei seiner Wiederkunft besteigen wird, und der Raum unter ihr wirkt wie ein Thronsaal für den himmlischen Herrscher. Die Kathedrale beherbergt die Kirchengemeinde zum hl. Nikolaus, und sie ist auch der Sitz der österreichischen Diözese der Russisch-orthodoxen Kirche.

→ Gottesdienste insb. So 8.00, 10.00; Mo bis Fr 8.00; Sa 9.00. Geöffnet tägl. 10.00 - 14.00, Sa bis 17.00.

So wie am Gelände der Botschaft Russlands steht auch auf dem des Vereinigten Königreiches in der Jaurésgasse 17-19 ein Gotteshaus. Das ist die **Christ**

Church Vienna, ein schlanker Ziegelbau im neugotischen Stil, der 1877 fertiggestellt wurde. Die Initiative zu seiner Errichtung ging von in Wien ansässigen Briten aus. Nach den Schäden aus dem Zweiten Weltkrieg war es die britische Besatzung in Wien, die das Gebäude wieder instand setzte, und daran erinnert die Inschrift am Fenster hinter dem Altar. An der rechten Seite des Raumes brachte man ein Reliefporträt der Königin Viktoria an, dies ist ein Werk des österreichischen Bildhauers Anton Hanak.

Die Kirchengemeinde ist die der Church of England, der Anglikanischen Kirche in Österreich, der einige hundert englischsprachige Personen in Wien angehören. Sie ist in Österreich nicht als eigene Kirche anerkannt und ging eine Kirchengemeinschaft mit der Altkatholischen Kirche Österreichs ein. Die Gottesdienste werden in englischer Sprache gefeiert und musikalisch von der Empore aus untermalt.

→ Gottesdienste So 8.30, 10.30, 18.00; Di 8.30; Mi 9.30.

c Zur serbisch-orthodoxen Kathedrale und zum Rennweg

In die Salesianergasse und in die Strohgasse abbiegend erreicht man die Veithgasse und eine weitere Kathedrale, die **Zum hl. Sava**. Sie ist die der Serbisch-orthodoxen Kirche. Ihre Gläubigen waren in Wien anfangs in die griechisch-orientalische Gemeinde integriert und erlangten im Jahr 1860 die kaiserliche Erlaubnis, eine eigene Kirchengemeinde zu gründen. Anfang der 1890er-Jahre konnten sie auch ihr eigenes Kirchengebäude in der Veithgasse errichten. Bald danach wanderten viele Serben aus, als sich Serbien und Österreich-Ungarn im Ersten Weltkrieg feindlich gegenüberstanden. In der Zeit nach dem Zweiten Weltkrieg kamen wiederum etliche Serben nach Österreich, als es sie im Zuge der Gastarbeiterwelle nach Österreich zog. Heute verfügt die Serbisch-orthodoxe Kirche in Wien über drei Gemeinden, von denen eine die in der Engerthstraße im 2. Bezirk ist. Die Kathedrale in der Veithgasse, deren Bau man bereits 1890 in Angriff genommen hatte, war von Anfang an im Verband mit einem Wohnhaus errichtet worden. Das sollte mit seinen Mieteinnahmen zur Erhaltung beitragen. In dem Haus hat auch die serbisch-orthodoxe Diözese für Österreich, die Schweiz und Italien ihren Sitz.

In die Kirche kommt man einerseits über den Nebeneingang im Flur, in dem die Gläubigen die Opferkerzen kaufen, und andererseits über den Haupteingang, über dem der Patron der Kirche dargestellt ist, der hl. Sava. Dieser war zu Beginn des 13. Jhd. der Begründer und erste Erzbischof der autokephalen serbischen Volkskirche. Das Kirchenschiff der Kathedrale ist ein feierlich dunkler Raum mit einem hohen Gestühl an den Wänden und einer prächtigen

Ikonostase. Sie wurde der Ikonostase der griechisch-orientalischen Kathedrale Wiens nachempfunden, in der die serbische Gemeinde im 19. Jhd. Unterschlupf gefunden hatte. Die zentralen Bilder stellen den thronenden Christus und Maria dar, und darüber findet man einige biblische Szenen und Porträts von Kirchenvätern. Die hl. Liturgie wird in serbischer Sprache gefeiert.

→ Gottesdienste So 9.30; Mo bis Sa 18.00. Geöffnet tägl. 8.00 - 19.00.

Wenn man der Veithgasse südwärts zum Rennweg folgt, taucht an dessen Ecke die sogenannte **Gardekirche** auf. Sie wurde im 18. Jhd. während der Regierungszeit von Maria Theresia beim damaligen Kaiserspital errichtet. Entworfen hat sie der Hofarchitekt Nikolaus von Pacassi, der auch für die Erweiterung der Nationalbibliothek am Josefsplatz verantwortlich war. Joseph II. ließ das Spital am Rennweg auf und übergab die Kirche der galizischen Garde. Zu Ende des 19. Jhd. gelangte sie schließlich in die Obhut des aus Polen stammenden Ordens der Resurrektionisten, genauer gesagt der „Kongregation von der Auferstehung Unseres Herrn Jesus Christus". Diese nimmt sich besonders um die Seelsorge für die polnischen Landsleute an. Ihr Missionshaus ist im Gebäude der Gardekirche am Rennweg untergebracht, und die Kirche ist heute das Gotteshaus für die große polnische Gemeinde der Katholischen Kirche in Wien.

Neben dem Kircheneingang steht seit 2001 eine Skulptur von **Johannes Paul II.**, dem populären Papst aus Polen. Er kam wiederholt nach Wien und unternahm weltweit viele pastorale Reisen, was ihm den Beinamen „eiliger Vater" eintrug. Vor der Gardekirche zeigt er sich mit seinem freundlichen Lächeln und der erhobenen Rechten, so als wollte er persönlich seine Landsleute zu den Gottesdiensten einladen. Das wäre aber gar nicht nötig, denn sie kommen zahlreich zu den Messen, von denen sonntags einige hintereinander angeboten werden.

→ Tägl. Gottesdienste. Ansonsten tagsüber bis zum Vorraum geöffnet.

Auf der gegenüberliegenden Seite des Rennweges liegt neben dem Tor zum Unteren Belvedere und einem Bier-Lokal namens „Salm-Bräu" der Vorhof des Klosters und der Kirche der **Salesianerinnen**. Diese Kirche mit ihrer 45 Meter hohen Kuppel ist ein Barockbauwerk aus dem 18. Jhd., das Donato Felice d' Allio entwarf. Das Kloster ist das der „Kongregation der Heimsuchung Mariens", die auf Franz von Sales zurückgeht und als die der Salesianerinnen bekannt ist. Ihre Nonnen bewohnen es seit dreihundert Jahren. Gestiftet hatte es die Witwe von Kaiser Joseph I., Wilhelmine Amalie, also jene, nach der der Amalientrakt der Hofburg benannt ist. Das Kloster betrieb eine Zeitlang auch eine Lehr- und Erziehungsanstalt für junge Mädchen. Heute leben in ihm etwa ein Dutzend Nonnen in Klausur, die sich neben ihrer Arbeit besonders dem Gebet widmen.

In die Stille dieses Kloster können sich auch Frauen als Gäste für Stunden oder Tage zurückziehen. An der Pforte ist auf einer Tafel ein hoher Besuch gesondert vermerkt, nämlich der von Papst Benedikt XVI. im Jahr 2007. Einen Teil des Klostergebäudes haben die Salesianerinnen vermietet, und in diese Räume zog der Studienbetrieb einiger Institute der Universität für Musik und darstellende Kunst ein.

→ Gottesdienste So 9.00; Mo bis Sa 7.00.

Dem Rennweg stadtauswärts folgend taucht eine mächtige Platane auf, die sich seit über zweihundert Jahren an der Stelle behauptet und vom Verkehr nicht verdrängen lasst. Sie wirft ihren Schatten auf das Gebäude am Rennweg 14, den Sitz des Departements für Botanik der Universität Wien, und sie gilt als die Mozart-Platane. Sie soll nämlich schon zu dessen Lebzeiten dort gestanden sein, und der Komponist soll an ihr vorbeigekommen sein, als er zum Klavierunterricht zur Familie Jacquin ging.

Noch viel weiter in die Vergangenheit Wiens verweisen die Fundstücke im Gebäude am Rennweg 16. Es war einst das der k.u.k. Hof- und Staatsdruckerei und ist heute ein Hotel. In seiner Eingangshalle kann man unter der Freitreppe versteckt eine längliche gläserne Vitrine entdecken, in der archäologische Fundstücke ausgestellt sind, die aus dem Untergrund geborgen wurden. Einige stammen aus der Zivilstadt der Römer, die östlich von Vindobona und im Bereich des heutigen Rennweges lag. An ihm liegt auch die S-Bahn-Station, bei der sich der Bogen der ersten Etappe des Rundgangs schließt.

d Zum Leon-Zelman-Park und den Aspanggründen

Für die zweite Etappe bzw. zur Fortsetzung des Rundgangs biegt man vom Rennweg in die Praetoriusgasse ab. Sie führt zum Haupteingang in den **Botanischen Garten**. An seiner Stelle bestand schon zu Zeiten Maria Theresias ein Lehrgarten; heute dient er mit seiner systematischen Sammlung von Glashaus- und Freilandgewächsen der botanischen Ausbildung und Forschung im Rahmen des Universitätsbetriebes. Nebstbei wird er von allen als eine grüne Erholungsoase in einem dicht verbauten Gebiet gerne in Anspruch genommen.

Nahe dem Haupteingang und neben den Schaubeeten steht auch eine Zutat aus unserer Zeit, das Botanicum. Das ist ein flacher und mit Lärchenholzbrettern verkleideter Pavillon, der 2019 in den Garten eingefügt wurde und dazu dient, den Schulklassen einführende Erläuterungen in die Welt der Pflanzen zu bieten. Wenn man das Gartengelände von dort ostwärts durchquert, erreicht man an der Mauer den Stiegenabgang in die Jacquingasse. Diese trägt den Namen des ersten Direktors des Gartens, Nikolaus Joseph von Jacquin, und auf ihn verweist auch das verblassende Sgraffito am Haus an der Ecke zur Gerlgasse. Das steht an der Stelle des Hauses, in dem Jacquin wohnte und in das Mozart kam, um Klavierunterricht zu erteilen.

Über die Gerlgasse und die Hohlweggasse erreicht man die Bahn und quert sie über einen Steg, der sich über ihre Trasse im Bett des einstigen Wiener Neustädter Kanals spannt. Ihn veranschaulicht ein Streifen bunter Fliesen, dem man am Haus in der Aspangstraße 15 findet. Darauf sieht man einige der Kähne, wie sie von Treidelpferden geschleppt die Güter am Wasserweg nach Wien brachten. Diese Trasse wurde dann zu Ende des 19. Jhd. von der Bahn übernommen, für den Verkehr auf der Aspanglinie. Die hatte an der Stelle ihren Wiener Bahnhof, der dann in der zweiten Hälfte des 20. Jhd. seinerseits entbehrlich und 1977 abgetragen wurde.

Zuvor, Anfang der 1940er-Jahre, war es dem Aspangbahnhof nicht erspart geblieben, dass er von den Nazis zu einer Drehscheibe für die Deportation der jüdischen Bevölkerung verwendet wurde. Tausende von ihnen brachte man per Lastwagen zu den Zügen und mit ihnen in die Vernichtungslager. Die Erinnerung an diese dunklen Tage hält das 2017 enthüllte **Mahnmal** in der Grünfläche neben der Aspangstraße wach. Es zeigt zwei aus Beton geformte Schienen, die aufeinander zulaufen und unabwendbar in das Tor eines betonierten Blocks führen, wo sie symbolhaft im Dunkeln enden. Der Park um das Mahnmal trägt den Namen von **Leon Zelman**. Er hatte die Verfolgung in der NS-Zeit überlebt, wurde 1945 von den Amerikanern aus dem KZ Ebensee befreit und setzte sich in der Nachkriegszeit besonders für die Aufarbeitung dieser Zeit ein. Im Zuge seiner Arbeit im Verkehrsbüro initiierte er gemeinsam mit der Stadt Wien das Jewish Welcome Service, das man am Judenplatz findet.

Auf den Aspanggründen, die nach dem Abtrag der Bahnanlagen frei geworden waren und neu verbaut sind, finden sich auch weitere Zeichen der Erinnerung an die Judenverfolgung in der NS-Zeit. So ziert den Bildungscampus, der neben der Bahntrasse und entlang der Adolf-Blamauer-Gasse errichtet wurde, eine Gedenktafel mit dem hebräischen Text des Psalm 23. Der hatte Leo Luster Zuversicht gespendet, als er 1942 vom Sammellager in der Sperlgasse im 2. Bezirk per Lastwagen zum Aspangbahnhof gebracht und ins KZ Theresienstadt deportiert wurde. Er überlebte, wanderte nach Israel aus und engagierte sich für andere Überlebende des Holocaust. Der Campus selbst wurde nach **Aron Mencer** benannt, einem jüdischen Lehrer, der in der NS-Zeit vielen jüdischen Kindern die Flucht ermöglichte. An ihn wird man beim Haupteingang an der Südseite in der Otto-Preminger-Straße erinnert. Wenn man das Schulzentrum weiter umrundet, um zum Park zurückzukommen, folgt man der Rubin-

Bittmann-Promenade. Diese wiederum trägt den Namen eines verfolgten Juden, der mit seiner Frau anderen Verfolgten half und im Untergrund die NS-Zeit überleben konnte.

e Zur Erlöserkirche und zur Paul-Gerhart-Kirche

Im Leon-Zelman-Park wendet man sich nordwärts der Steingasse zu, an deren Ecke sich ein Imbisslokal namens „Das Schöneberg“ etablierte. Ein paar Schritte weiter erreicht man wieder den Rennweg. Richtung Osten fällt der Blick auf die Fassade der Kirche Maria Geburt am Rennweg 89, welche die Pfarrkirche der Pfarre Maria Drei Kirchen ist. Allgemein bekannt ist sie als die **Waisenhauskirche**, weil sie als die Kirche des ehemaligen Waisenhauses errichtet wurde. Als man sie 1768 eingeweihte, hatte der damals zwölf Jahre alte Wolfgang Amadeus Mozart die Musik der Festmesse komponiert, die er auch selbst dirigierte, wie das auf einer Gedenktafel vermerkt wurde.

Die Route des Rundgangs führt am Rennweg aber westwärts weiter. Bei der Nr. 63 trifft man auf die **Erlöserkirche**, die ein wenig hinter der Fluchtlinie liegt und von einem kleinen Vorgarten abgeschirmt wird. In dem duckt sich ein kleines Schild unter einen heranwachsenden Baum, der als die tschechische Linde ausgewiesen ist. Sie wurde aus Anlass des 250. Geburtstages des in der Gegend von Znaim in Südmähren geborenen Wiener Stadtpatrons Klemens Maria Hofbauer gepflanzt. Die Inschrift ermahnt alle, die an der belebten Stelle vorbeieilen mögen, innezuhalten und dem Schöpfer und Erlöser die Ehre zu geben, und dazu stehen auch die Türen des Gotteshauses tagsüber offen.

Erbaut worden war die Kirche im 19. Jhd. als die des Klosters der Redemptoristinnen. Das ist seit 1947 der Sitz des Tschechischen Dritten Ordens des heiligen Franziskus, und das Gotteshaus ist auch als die Tschechische Kirche geläufig. Betreut wird sie heute von der Teilgemeinde Maria Geburt der Pfarre Maria-Drei-Kirchen.

→ Gottesdienste (in deutscher Sprache) So 11.30; Di, Do 8.00; Mi, Fr 18.00. Geöffnet Di bis Fr 8.00 - 18.00.

Vom Rennweg über die Stanislausgasse kommend stößt man an ihrer Ecke mit der Schützengasse auf eine Feuermauer, auf die ein großes Kreuz und die Aufschrift „Jesus unsere Hoffnung“ aufgemalt wurden. Das kleine und bescheiden wirkende Gotteshaus daneben ist das der evangelischen **Paul-Gerhardt-Kirche**. Ihren Turm ziert eine Sonnenuhr samt dem Vers aus dem Buch der Psalmen: „Gott der Herr ist Sonne und Schild“. Diese Kirche wurde in den Jahren nach dem Zweiten Weltkrieg im Gefüge eines Wohnhauses erbaut und diente der evangelischen Pfarrgemeinde A.B. für Wien-Landstraße, bevor sie auf den Sebastianplatz umzog. Sie überließ die Paul-Gerhardt-Kirche an die evangelisch-koreanische Gemeinde, eine der internationalen Gemeinden der Evangelischen Kirche A.B. in Wien.

→ Gottesdienste So 9.30, 11.15.

Aus der Schützengasse in die Ungargasse abbiegend kommt man bei der Nr. 69 zum barocken Gebäude der **St. Januarius Kapelle**. Sie war 1735 nach den Plänen von Johann Lukas von Hildebrandt erbaut worden, als Hauskapelle im Gartenpalais des Grafen Harrach. Der war der Vizekönig des Königreiches Neapel-Sizilien, auf das sich die habsburgische Herrschaft in der Regierungszeit Karl VI. erstreckte. So kam es, dass die Kapelle auf den hl. Januarius geweiht wurde, einen Bischof, der aus Neapel stammte und zum Märtyrer in der Zeit der Christenverfolgung im Römischen Reich wurde. Über dem Hochaltar hängt das Gemälde von Martino Altomonte, das die Enthauptung des hl. Januarius darstellt. Während das Palais gegen Ende des 18. Jhd. in den Besitz des Hauses Habsburg-Lothringen überging und als Gardehof sowie als k.u.k. Militär-Reitlehrer-Institut diente und im Zweiten Weltkrieg zerstört wurde, blieb die Kapelle erhalten. Sie wurde in den 1980er-Jahren wiederhergestellt, als man das Schulzentrum Ungargasse errichtete. Heute wird sie auch von der Teilgemeinde Maria Geburt der Pfarre Maria-Drei-Kirchen betreut.

→ Gottesdienste So 10.30 (nur zu Schulzeiten).

f Zum Sacré Cœur

Bei dem Abstecher in die Ungargasse kann man bei der Nr. 60 auch noch einen Teil des ehemaligen Reithallen- und Stallgebäudes sehen, das gegenüber vom Militär-Reitlehrer-Institut errichtet wurde und heute in einen Hotelbetrieb integriert ist. Vor dem ockerfarbigen alten Bauteil ergibt sich ein reizvoller Durchblick zur Kathedrale zum hl. Nikolaus.

Zur großen Kreuzung des Rennweges mit der Ungargasse und der Fasangasse zurückkehrend trifft man auf eine traditionsreiche katholische Bildungseinrichtung, den Campus **Sacré Cœur**. Er wurde von der gleichnamigen Schwesterngemeinschaft gegründet, die zu Beginn des 19. Jhd. in Frankreich entstanden war und sich der Ausbildung junger Mädchen der Gesellschaft widmete. 1867 siedelte sie sich auch in Wien an und übernahm das vorstädtische Grundstück, das zuvor der Familie Dietrichstein gehörte. Das Gebäudeensemble liegt am Rennweg 30 und gruppiert sich um eine Klosterkirche, die in den 1870er-Jahren im historistischen Stil errichtet wurde und heute den Schulmessen dient. Der Schulbetrieb umfasst am Rennweg ein Gymnasium und eine Volksschule samt Kindergarten, auf die man auch aufmerksam wird, wenn ihnen die Kinder in ihrer blauen Schulkleidung mit dem Emblem des Sacré-Cœur entströmen.

11.e: Turm der Paul-Gerhart-Kirche

11.f: Campus Sacré-Cœur Fasangasse

Der zweite Standort des Schulbetriebes befindet sich auf der anderen Seite der Kreuzung, in der Fasangasse 4. Dort sind eine Handelsakademie und die Handelsschule untergebracht. Ihr Schild verweist auch darauf, dass dieses Gebäude im 19. Jhd. dem Kloster der von Franziska Lechner gegründeten Kongregation der Töchter der göttlichen Liebe diente, die in die Jacquingasse 12-14 übersiedelte, in das neuromanische Gebäudeensemble am Rande des Botanischen Gartens.

An der großen Kreuzung am Rennweg finden sich auch die Haltestellen der S-Bahn sowie der Straßenbahnlinien 71 und O, und an der Stelle endet der Rundgang mitten im Dritten.

12. Rund um Erdberg

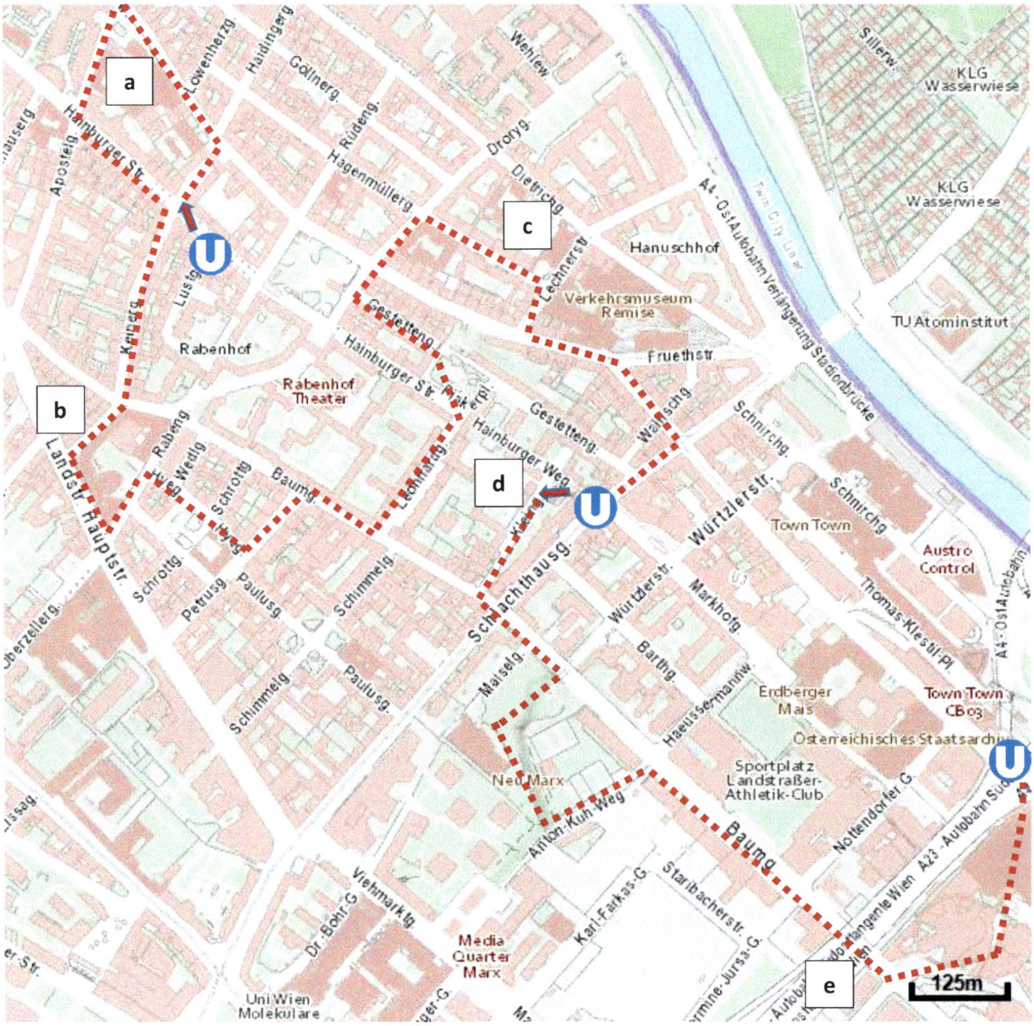

Rundgang 12. [Stadt Wien – ViennaGIS, bearb.]

Der Rundgang, auf dem man Erdberg durchstreift, geht vom Kardinal-Nagl-Platz aus. Auch dieser Rundgang kann in zwei Etappen gegliedert werden: in eine erste mit den Abschnitten a bis c, die zu einigen katholischen Kirchen und Ordensniederlassungen und weiter bis zur U-Bahn-Station Schlachthausgasse führt, und in eine zweite Etappe mit den Abschnitten d und e rund um den Erdberger Mais bis zur U-Bahn-Station Erdberg.

a Zu den Schulschwestern und zur Pfarrkirche

Wenn man die U-Bahn-Station Karl-Nagl-Platz beim Ausgang zur Keinergasse verlässt, kommt man in dieser Gasse unter einem Wohnhaus hindurch zur Erdbergstraße. Sie ist eine sehr lange Straßenachse, die den ganzen Ort bis zum Ufer des Donaukanals durchzieht. Bei ihrer Nr. 76 steht eines der großen Schulgebäude, wie sie gegen Ende des 19. Jhd. errichtet wurden. Es beherbergt eine städtische Volksschule. Über ihrem Portal grüßt eine Statue von Christus samt seiner Aufforderung, die Kinder zu ihm kommen zu lassen. Ein Reliefbild zum gleichen Thema schmückt auch das Portal der katholischen Privatschule in der Erdbergstraße 70. Die ließen die Erdberger Schulschwestern im 19. Jhd. errichten. Heute weist sie sich als das Schulzentrum **St. Franziskus** aus. Das besteht aus mehreren Bildungseinrichtungen, die im Wege eines Schulvereins betrieben werden. An der Erdbergstraße sind das eine Lehranstalt für wirtschaftliche Berufe, die einen besonderen Schwerpunkt bei der Ausbildung für Berufe in der Hotellerie und Gastronomie setzt, sowie eine Neue Mittelschule.

12.a: Schulzentrum St. Franziskus in der Erdbergstraße 70 und in der Apostelgasse 5

Neben dem Häuserblock dieses Schulzentrums steigt man über einige Stufen auf den Hügel hinauf, auf dem die **Pfarrkirche** von **Alterdberg** erbaut wurde. An der Stelle inmitten des einstigen Dorfes stand bereits im Mittelalter eine Kapelle, die dem hl. Paulus gewidmet war. Sie fiel den osmanischen Belagerungen zum Opfer. Das heutige Kirchengebäude stammt aus dem frühen 18. Jhd., und um dieses herum lag ein Friedhof, der gegen Ende des Jahrhunderts unter Joseph II. aufgelassen wurde. Über dem Portal der Kirche sind es die lateinischen Worte „Venite Adoremus“ (kommt, lasst uns anbeten), die einladen, die Kirche zu betreten. Dazu scheinen auch die beiden Kirchenpatrone Petrus und Paulus einzuladen, die links und rechts vom Eingang Spalier stehen.

Diese beiden Apostel findet man auch am großen Gemälde über dem Hauptaltar. Auf dem sind sie in einer Szene des Abschieds dargestellt, in der sie einander mit wehmütigem Blick umarmen. Heute ist die Kirche das Gotteshaus für die Pfarrgemeinde inmitten von Erdberg, und von ihr aus werden auch die Gottesdienste in der Hauskapelle der Schulschwestern betreut. Die Veranstaltungen der Pfarre finden im Pfarrhaus in der Erdbergstraße 72 statt, während die Aufgaben des Pfarrbüros neuerdings von dem der Pfarre St. Rochus und Sebastian aus wahrgenommen werden.

→ Gottesdienste So 9.00; Di, Do 8.00; Mi, Fr 18.00. Tägl. 7.30 - 18.30 bis zum Vorraum geöffnet.

Im Mittelalter kam es zu Füßen des Hügels und inmitten des Dorfes Erdberg zu jener Begebenheit, bei der der englische König **Richard Löwenherz** in Gefangenschaft geriet. Er befand sich 1192 auf der Rückreise vom Dritten Kreuzzug, zu dem Papst Gregor VIII. aufgerufen hatte, um Jerusalem und die heiligen Stätten wieder unter christliche Kontrolle zu bringen. Nachdem dieser Kreuzzug nach einigen Kämpfen mit einem Waffenstillstand geendet hatte und Richard Löwenherz heimwärts zog, musste er auch das Land des Babenberger Herzogs Leopold V. durchqueren. Das wollte er inkognito tun, zumal er vor der Festung Akkon mit dem Babenberger in einen heftigen Streit geraten war. Der englische König wurde aber im Einkehrgasthaus des Jägerhofes in Erdberg erkannt. Sein edler Ring soll ihn verraten haben. Der Herzog Leopold ließ Löwenherz daraufhin in Dürnstein internieren und lieferte die Geisel dann an den Kaiser des Reiches aus. Um Löwenherz freizubekommen, mussten die Engländer letzten Endes eine gewaltige Menge in Silber als Lösegeld entrichten, und Leopold erhielt seinen Anteil. Aus dem Silber ließ er in der Wiener Prägestätte Münzen herstellen, wie das auf der Gedenktafel am Hohen Markt 4 vermerkt ist. Die Tafel am ockergelben Haus in der Erdbergstraße 41 wiederum erinnert an den Ort der Gefangennahme des Königs von England.

Den Einkehrgasthof in der Erdbergstraße gibt es nicht mehr, sehr wohl aber das eine oder andere wienerische Beisl entlang des Weges durch Erdberg. Ansonsten zeigt sich dieser Stadtteil auch von seiner multikulturellen Seite, mit einer Reihe kleiner Geschäfte und Imbisslokale, in denen manches aus der nah- und der fernöstlichen Küche angeboten wird.

In die Apostelgasse abzweigend kommt man bei der Nr. 5 zum zweiten Standort des Schulzentrums St. Elisabeth mit der Privatvolksschule und dem Kindergarten. Auf sie macht auch eine Anschlagtafel an der Ecke des in die Gasse vorspringenden Nachbarhauses aufmerksam, auf der kindlich bunte Bilder den Lebenslauf von Franziskus illustrieren. Dieses Haus auf Nr. 7 ist das renovierte Gebäude der Kongregation der **Schulschwestern** vom 3. Orden des hl. Franziskus. Es war Theresia Zechner aus Hallein, die im 18. Jhd. die Schulschwestern begründete. Sie widmeten sich der schulischen Ausbildung von Mädchen aus ärmlichen Verhältnissen und gründeten mehrere Niederlassungen, so auch die in Erdberg und die St. Elisabeth Schule in der Leopoldsgasse im 2. Bezirk. Der Sitz des Ordens in der Apostelgasse 7 verfügt im ersten Obergeschoß über eine große und reich bebilderte Hauskapelle, in der Frühmessen gefeiert werden. Sie können auch von Gästen besucht werden.

→ Gottesdienste So 7.30; Mo bis Fr 6.20; Sa 6.50.

b Zur Herz Jesu Kirche

Aus der Apostelgasse kommt man in die Hainburgerstraße. Sie wird von einer Allee aus Zürgelbäumen beschattet, einer Art, wie sie das trockene und warme Klima in der Stadt gut verträgt. An der südseitigen Ecke zur Keinergasse wirbt ein Restaurant namens „Sultans“ mit levantinischer Küche, und von dort spaziert man geradewegs auf den Backsteinbau zu, der sich als das Herz Jesu Krankenhaus ausweist.

Sein Haupteingang liegt an der Ecke zur Baumgasse. Das Spital wurde im Gebäudekomplex des **Herz Jesu Klosters** eingerichtet, dem Konvent eines der sozial engagierten Orden in Erdberg. Er nennt sich die „Kongregation der Dienerinnen des heiligsten Herzens Jesu“ und ist als die Herz Jesu Schwestern geläufig. Sie sind ein in Frankreich vom Priester Viktor Braun gegründeter Orden von Frauen, der sich der Ehre Gottes und des Herzens Jesu widmet und sich für die Alten und Kranken einsetzt. 1873 kamen die ersten Schwestern nach Wien, die als Pflegerinnen im Krankenhaus der Rudolfstiftung und in der Folge auch in anderen Wiener Spitälern arbeiteten. In den Jahren 1904 bis 1906 konnten sie ihr Ordenshaus mitsamt der Kirche an der Landstraßer Hauptstraße errichten. Während des Zweiten Weltkrieges gab es im Ordenshaus einen Lazarettbetrieb, und danach richteten die Schwestern unter ihrem Dach auf Dauer ein Krankenhaus ein. In der Zwischenkriegszeit wohnte in dem Haus auch Prälat Ignaz Seipel, der Obmann der Christlich Sozialen Partei und Bundeskanzler, nach dem der Platz vor der Jesuitenkirche benannt wurde.

Den Zugang zum Konventstrakt erreicht man in der Keinergasse 37. In dem Trakt steht eine Hauskapelle zur Verfügung, in der die Gebetszeiten abgehalten werden, während die Gottesdienste in der benachbarten Kirche gefeiert werden. Diese Kirche, die **Herz Jesu Kirche,** wurde zu Beginn des 20. Jhd. im neuromanischen Stil errichtet und fügt sich an der Landstraßer Hauptstraße 137 an das Klostergebäude an. Ihr hoher spitzer Turm überragt das ganze Viertel. Während ihre Außenseite hell und mit Kunststeinen verkleidet ist, sind ihre Wände im Inneren rundum mit Malereien in warmen und erdigen Tönen ausgeschmückt, und mit einer Reihe großer Gemälde zur Geschichte des Ordens und der Verehrung des Herzens Jesu. Heute ist die Kirche als eine Filialkirche der Teilgemeinde Maria Geburt der Pfarre Maria-Drei-Kirchen am Rennweg zugeordnet.

→ Gottesdienste So 9.30; Mo, Di, Do bis Sa 18.00; Mi 6.00. Geöffnet 8.00 - 19.00.

12.b: Herz Jesu Kloster

12b.: Herz Jesu Kirche

12.c: VinziShop

Im Gebäudeteil rechts neben dem Kirchenportal bietet die Caritas ein Sozialprojekt namens **Garderob 137** an. In dem Lokal nehmen helfende Hände Kleiderspenden entgegen, um sie an armutsbetroffene Menschen weiterzugeben. Und an der Ecke zur Rabengasse liegt der Eingang zum Herz Jesu Kindergarten, der im Wege eines Vereines betrieben wird und dem auch der Hof des Klosters zur Verfügung steht.

Dessen Einfahrt erreicht man in der Rabengasse 16, bei den neuen Zubauten zum **Herz-Jesu Krankenhaus**, dessen jüngster Bauteil 2023 in Betrieb ging. Dieses Spital ist heute eine orthopädische Fachklinik, in der nicht nur operiert wird, sondern auch ein Gesundheitspark mit den internistischen Einrichtungen der Rheumatologie, der Osteologie und der Remobilisation zu Verfügung steht. 2007 übergab man die Betriebsführung in die Hände der Vinzenz Gruppe. Sie ist eine 1995 gegründete Trägerorganisation, der zunächst die Spitäler der Barmherzigen Schwestern vom hl. Vinzenz von Paul anvertraut wurden und die heute einige Ordensspitäler in Wien betreut.

c Zur Don Bosco Kirche in Neuerdberg

Gegenüber von der Einfahrt in das Herz Jesu Spital zweigt die Hyegasse ab, die den Namen eines Strafrechtlers des 19. Jhd. trägt und den Klopsteinplatz streift. An seiner Ecke lugt aus der Grünfläche ein Gedenkstein in der Form einer Tastatur hervor. Er erinnert an den Jazzmusiker Joe Zawinul, der in Erdberg aufwuchs, ehe er eine Weltkarriere machte. Am Ende der Hyegasse zweigt man beim Volksschulgebäude in die Petrusgasse ab, die so wie die benachbarte Paulusgasse nach einem Patron der Alterdberger Pfarrkirche benannt wurde.

Nordwärts stößt die Petrusgasse auf die lange Baumgasse und die Flanke einer weitläufigen alten Wohnhausanlage der Stadt Wien, den **Rabenhof**. Er stammt aus den 1920er-Jahren und damit aus der Anfangsphase der Gemeindebauten in der Zeit des Roten Wien. In dieser Zeit nach dem Ersten Weltkrieg hieß es, den Bedarf an zeitgemäßen Wohnungen zu decken, und dazu ließ die Stadtverwaltung große Anlagen samt Innenhöfen und einer Reihe von Gemeinschaftseinrichtungen erbauen. Einen Eindruck von den Ausmaßen der Architektur der verschachtelten Anlage kann man erhaschen, wenn man in der Baumgasse 39 durch den spitzen Torbogen einen Abstecher in einen seiner Innenhöfe unternimmt.

Monotoner wirken die Wohnblöcke der benachbarten Anlage, die sich von der Ecke der Baumgasse mit der Leonhardgasse und an ihrer Westseite entlang bis zum Fiakerplatz erstrecken. Sie stammen aus den aus den 1950er-Jahren, als die veralteten niederen Häuser des Erdberger Dorfes abgerissen wurden, um das Gebiet zu assanieren. Darauf verweist das Reliefbild an der Ecke zur Leonhardgasse. Nur das kleine gedrungene Haus auf Nr. 25 überlebte diese Umwälzungen. Und noch ein Relikt gibt es zu entdecken, eine **Kapelle** aus 1815, die ursprünglich über Pestgräbern stand und eine Nachbildung der als Magna Mater Austriae bezeichneten Mariazeller Gnadenstatue enthält. Diese beliebte Kapelle wurde bei der Assanierung zwar ein wenig verrückt, fand aber ein Ausgedinge an der Feuermauer des Wohnblocks in der Leonhardgasse 4. An der Stelle findet man auch Reminiszenzen wie eine alte Ansicht aus dem Ort sowie den Text eines Volksliedes, in dem das Gasserl mit seiner Muttergottes und den Erdberger Häusern besungen wurde.

Am Fiakerplatz angelangt, erreicht man eine kleine Parkanlage, die auf einem Hügel über der Erdbergstraße liegt. Der Name des Platzes rührt von daher, dass in dem Grätzel viele Kutscher mit ihren Familien zu Hause waren. Im Park scheint man noch einem von ihnen zu begegnen, einem, der den Hut lüpft und die Pfeife in der Hand hält. Er steht auf dem Sockel eines Denkmals, das Josef Engelhart gestaltete, ein aus Erdberg stammender Bildhauer, der zu Ende des 19. Jhd. zu einem der Mitbegründer der Wiener Sezession wurde. Die Fiaker sind aus Erdberg weggezogen. Und doch kann man in der Erdbergstraße immer noch das Geklapper von Hufen hören, dann nämlich, wenn die heute in Simmering untergestellten Gespanne in die Innenstadt pendeln.

Hinter dem Denkmal und an der Westseite des Fiakerplatzes geht es über einige Stufen in die Gestettengasse hinunter und weiter zum Kardinal-Nagl-Platz. Er ist mit seinen Bäumen und Bänken und mitsamt seinen Spiel- und Sportgeräten zu einem Treffpunkt in dem dichtverbauten Gebiet geworden. Den Namen verdankt er dem Wiener Erzbischof und Kardinal der Jahre vor dem Ersten Weltkrieg, der das Priesterseminar in der Boltzmanngasse im 9. Bezirk einrichten ließ.

An der Ostseite des Platzes, an der von der Erdbergstraße die Drorygasse abzweigt, stößt man auf einen **VinziShop**. Das ist ein Laden, in dem gebrauchte Kleidung verkauft wird, um mit den Einnahmen ein Obdachlosenzentrum zu unterstützen. Diese Einrichtung wird so wie der Shop an der Erdbergstraße von der Bewegung der Vinzenz Gemeinschaften betrieben. Ihre Bezeichnung verweist auf das Vorbild des hl. Vinzenz von Paul, eines französischen Priesters des 17. Jhd., der sich für die Ärmsten einsetzte und einige Hilfsorganisationen begründete. Die Vinzenzbewegung unserer Tage begründete der 2023 verstorbene katholische Pfarrer Wolfgang Pucher, der in den 1990er-Jahren in Graz ein Vinzi-Dorf gründete. Mittlerweile ist die Bewegung in mehreren Städten und mit einigen sozialen Projekten auch in Wien vertreten.

Durch die Drorygasse geht es zur Hagenmüllergasse weiter. Ihr Schmuckstück ist das **Salesianum**, das mit einer mit Sichtziegeln und weißen Bändern verzierten Fassade bei der Nr. 35 aus der Reihe der Häuser hervorsticht. Es ist eine Einrichtung des Ordens der Salesianer Don Boscos, der zu Ende des 19. Jhd. vom italienischen Priester Giovanni Melchiore Bosco als Gesellschaft des hl. Franz von Sales gegründet wurde. Die Salesianer nehmen sich besonders der Erziehung junger Menschen an, und das zu Beginn des 20. Jhd. erbaute Salesianum diente als ein Schülerwohnheim. Heute fungiert es samt dem Zubau auf

Nr. 33 als das Studentenheim Don Bosco, in dem auch die Mitglieder des Ordens in Wien wohnen. In der Hauskapelle feiern sie ihre Gottesdienste gemeinsam mit den Studierenden.

In den 1950er-Jahren konnte der Orden auch ein großes Kirchengebäude errichten. Das steht am Grundstück an der Ecke zur Lechnergasse, auf dem früher eine Schule stand, die dem Zweiten Weltkrieg zum Opfer fiel. Den Bau der Kirche entwarf Robert Kramreiter, ein Architekt, der in Wien einige neue Kirchen gestaltete, so etwa auch die am Pius-Parsch-Platz in Floridsdorf. Die **Don Bosco Kirche** konzipierte er als ein Bauwerk mit dekorativen Sichtbetonwänden und einem hohen Turm neben der Kirche. Der diente ursprünglich auch als ein Wohnturm und enthielt eine Jugendherberge. Der Haupteingang in die Kirche befindet sich am Vorplatz an der Straßenecke und zieht die Aufmerksamkeit mit einem kleinen Portal auf sich, das mit einem farbenfrohen Mosaik aus der grauen Fassade hervortritt.

Im Inneren ist es eine Skulptur, die als erste auffällt, weil sie den Eintretenden entgegenzukommen scheint. Sie stellt den Kirchenpatron Don Bosco dar, der eine Hand zum Gruß anbietet, während er mit der anderen über die Schulter hinweg auf den Altar und das Opfer Christi am Kreuz verweist. Auf diesen ist auch das hohe Mittelschiff der Kirche mit seinen Bankreihen ausgerichtet, das von einer schalenförmigen Decke wie von einem Zelt überspannt wird. Vier Pfeiler grenzen es von den beiden schmäleren Seitenschiffen ab, in denen die Glasfenster zeitgenössischer Künstler die Akzente setzen. So symbolisieren die vielen runden Öffnungen an der Ostseite mit ihren farbigen Fenstern die Abfolge des Kirchenjahres, das Fenster an der Nordseite den hl. Geist und die Fenster an der Westseite die Stationen des Kreuzweges. Die Kirche beherbergt die Pfarrgemeinde von Neuerdberg, die seit 1939 besteht, von den Salesianern Don Boscos betreut wird und seit 1958 über dieses große Gotteshaus verfügt. Die Pfarre ist auch eine derer, die über die regelmäßigen Gottesdienste hinaus immer wieder eine Kinderkirche anbietet, d.h. einen eigenen Wortgottesdienst speziell für die Kinder.

→ Gottesdienste So 9.30; Di, Do 8.00; Fr, Sa 18.30.

An der Ostseite der Kirche, in der Lechnergasse 15-17, scheint eine Gleisschleife der Straßenbahn mysteriöserweise in ein Wohnhaus zu münden. Sie führt aber zu der alten Straßenbahnremise, die dahinter liegt. Die entdeckt man um die Ecke in der Erdbergstraße, von der die Fruethstraße abzweigt. In den alten Ziegelbauten der Remise ist heute die Fahrzeugsammlung des Verkehrsmuseums untergebracht. An der Straßengabelung liegt auch ein gepflegtes

Erdberger Gasthaus, der „Schwalbl Wirt“, der in seinen Stuben und im Schani-Garten eine Reihe von Gerichten und Süßspeisen aus der Wiener Küche auftischt.

In der Erdbergstraße 158 kommt man am einstigen Standort des Linienamtes vorbei. Das war eines der Ämter entlang des Linienwalls um die Vorstädte, der im 18. Jhd. als äußerer Schutzwall angelegt worden war und im 19. Jhd. seine Verteidigungsfunktion verloren hatte. Damals war er nur mehr eine fiskalische Schwelle, an der man die Verzehrsteuer für die Einfuhr von Lebensmitteln einhob, die innerhalb des Walles daher auch teurer verkauft wurden als außerhalb. Landläufig nannte man daher die Beamten des Linienamtes die Spinatwachter.

Folgt man an dieser Ecke dem Verlauf der Straßenbahn in die Schlachthausgasse, so erreicht man in ihr die gleichnamige Station der U-Bahnlinie 3.

12.c: Don Bosco Kirche, Hauptschiff

12.d: Elisabethkapelle in der Kleingasse

d Von der Elisabethkapelle zum Erdberger Mais

Die ergänzende Etappe des Rundgangs widmet sich dem Osten Erdbergs, in dem einst der Erdberger Mais lag. Das war ein Waldflecken inmitten einer Schleife, die der Donaukanal gebildet hatte. Er versandte, als man den Kanal begradigte. Das Gebiet blieb dennoch eine abgelegene Gegend, so wie auch der benachbarte Teil von St. Marx, in dem der Viehmarkt und der Schlachthof angesiedelt wurden. Erst in der jüngeren Vergangenheit begann sich das Bild in diesen Teilen der Stadt zu wandeln. Zwischen den Betriebsflächen wuchsen einige Wohn- und Bürobauten empor, wie jene, die die Silhouette entlang der unteren Erdbergstraße und der Lände des Donaukanals beherrschen. Diese Teile der Stadt werden seit 2000 auch von der U-Bahnlinie 3 erschlossen.

Beim südseitigen Eingang in ihre Station in der Schlachthausgasse, der von einem großen Wohn- und Bürogebäude flankiert wird, sind es eine Inschrift und eine alte Ansicht, die an das Mautner Markhof'sche Kinderspital aus 1875 erinnern. Dieses ging auf eine Stiftung von Adolf Ignaz Mautner und seiner Ehefrau zurück. Er entstammte einer jüdischen Familie aus Böhmen und trat in Wien zum christlichen Glauben über, und er wurde zum Ritter von Markhof geadelt. In Wien begründete er jenes große Unternehmen, das unter dem Markennamen Mautner-Markhof bekannt wurde. Es begann damit, dass er um die Mitte des 19. Jhd. die St. Marxer Brauerei pachtete und in ihr untergäriges Bier herstellte, das in Lagerfässern länger haltbar gemacht und erfolgreich verkauft wurde. Eine seine wohltätigen Aktionen war die Stiftung für das Kinderspital in der Baumgasse, die mit der Auflage verbunden war, dass das Krankenhaus ohne Ansehung der Konfession zugänglich sein sollte. Den Spitalsbetrieb übernahm in der Zwischenkriegszeit die Stadt Wien und verlegte ihn in das Krankenhaus Rudolfstiftung. Das Grundstück in Erdberg wurde verkauft, und auf ihm ließ zu Beginn des 21. Jhd. die Gewerkschaft der Privatangestellten den Wohn- und Büroblock errichten, den das Architekturbüro Coop Himmelb(l)au entwarf.

Wenn man die U-Bahn-Station beim Ausgang zum Hainburger Weg hin verlässt, kann man an der Ecke zur Kleingasse und zwischen ihren Bäumen die **Elisabethkapelle** entdecken, die auch noch aus der Zeit des Kinderspitals stammt und von einem Zaun vom modernen Block in ihrem Rücken abgeschirmt wird. Die Kapelle wurde 1881 errichtet, der hl. Elisabeth von Thüringen gewidmet und diente als Spitalskapelle sowie als die Kapelle für die Ordensfrauen, die den Pflegedienst versahen. Sie entwickelte sich aber auch zu einem Gotteshaus für die Bevölkerung rundum. Heute befindet sich die Kapelle im Besitz der Stadt Wien und wird von der Neuerdberger Pfarre betreut, die dort mittwochs Abendmessen anbietet.

→ Gottesdienste Mi 18.00.

Aus der Kleingasse in die Baumgasse abbiegend stößt man auf ein weiteres Relikt aus der Zeit des Mautner Markhof'schen Kinderspitals. Das ist ein Reliefbild, das ehemals am Spitalseingang hing und auf die Stifterfamilie hinweist. Seinen neuen Platz fand es an der schmalen Seite des Neubaus bei der Nr. 75.

e Zur Pfingstgemeinde VCC

Ihm gegenüber liegt das Gasthaus Wagner, vor dem man die Schlachthausgasse überquert und der Baumgasse ostwärts folgt. An der Stelle, an der die Maiselgasse abzweigt, versucht ein alter Zaun ein Stück üppig wachsender Natur einzufangen. Das beließ man als eine Stadtwildnis über dem **Donauprallhang**, an dem einst das Wasser der unregulierten Donau abprallte. Dieser Abhang zeigt sich, wenn man bei der Baumgasse 58 abzweigt und dem Spazierweg durch die Grünfläche folgt. Sie wird von der überwucherten Böschung des Hanges umrahmt. Sie ist auch eine der Stellen, an denen noch Reste der Ziegelmauern des Linienwalls zu sehen sind. In den Abhang hinein grub man die Gewölbe, die im 19. Jhd. als Eiskeller für die St. Marxer Brauerei dienten. Hinter ihren verriegelten Türen wurde eine Schießstätte eingerichtet.

Der Fußweg führt zu Füßen der Mauer durch eine Hundezone und an Tennisplätzen entlang zur Baumgasse zurück. Die erreicht er parallel zum Anton-Kuh-Weg. Der wiederum erinnert an jenen Journalisten jüdischer Herkunft, der einer Prager Familie entstammte, der in Wien im 3. Bezirk zur Welt kam und in der Zwischenkriegszeit zur Szene der Wiener Kaffeehausliteraten gehörte.

12.e: Donauprallhang

12.e: Vienna Christian Center (VCC) in der Baumgasse

Die breite und verkehrsreiche Baumgasse wird beiderseits von einer Reihe von Betriebsgebäuden gesäumt. Das auf Nr. 83 dient als Hotel, und neben ihm liegt das Sportgelände des LAC, des Landstraßer Athletik Clubs, eines traditionsreichen Wiener Fußballvereins am Erdberger Mais. Ein Stück weiter unterquert man die Hochtrasse der Südosttangente und kommt zum quaderförmigen Bauwerk auf Nr. 72, vor dem die Flaggen einiger Länder wehen. Ein großes Banner weist es als das VCC aus, das **Vienna Christian Center**, das dort seinen Campus Baumgasse einrichtete. Es gehört zum Bund der Freien Christengemeinde-Pfingstgemeinde und ging aus einer freikirchlichen Gruppierung hervor, die Ende der 1980er-Jahre als eine englischsprachige Gemeinde in Wien gegründet wurde und ihre charismatischen Gottesdienste in der Halbgasse im 7. Bezirk feierte. In der Baumgasse bietet das VCC mehrere Gottesdienste in vielerlei Sprachen an. An seinem zweiten Standort, im Teil E der Gasometer, gibt es auch Gottesdiente in Deutsch.

Im Campus Baumgasse treffen einander sonntags viele in Wien lebende Gläubige unterschiedlicher Herkunft. Sie haben im Vorraum die Gelegenheit, sich niederzusetzen, um sich bei einem Getränk zu unterhalten. Der Gottesdienst „einmal anders", wie er auch genannt wird, wird dann von rhythmischen Klängen eingeleitet. In seinem Ablauf gibt es eine Predigt und auch Elemente, die darauf ausgerichtet sind, das Wirken des hl. Geistes erlebbar zu machen.

→ Gottesdienste (englisch) So 9.00, 10.30.

Dem VCC gegenüber scheint ein übermächtiges Raumschiff gelandet zu sein. Das erweist sich als der riesige runde Glaspalast, den der ÖAMTC als seine Mobilitätszentrale samt Stützpunkt und Heliport einrichtete. Beim Verkehrsübungsplatz an der Ostseite des 2016 fertiggestellten Baus führt eine Rampe mit einem Fußweg in geschwungenem Bogen zu dem gläsernen Rondeau hinauf und um es herum. Auf diesem Weg kommt man direkt zu einem Zugang in eine andere Mobilitätszentrale, die der Wiener Linien, und durch den atriumartigen Innenhof hindurch zum Fußgängerübergang über die Erdbergstraße. Von ihm aus erhascht man einen Blick auf das junge Gesicht Erdbergs, auf **Town Town**, wie sich das Ensemble der Bürotürme an der unteren Erdbergstraße nennt. Der Platz in ihrer Mitte erhielt den Namen von Thomas Klestil, einem weiteren bekannten Sohn Erdbergs und dem Bundespräsidenten an der Wende zu den 2000er-Jahren.

Über den Übergang gelangt man schließlich direkt in die U-Bahn-Station Erdberg und damit zum Endpunkt des Erdberger Rundgangs.

Hinweise

Abkürzungen

A.B.	Augsburgisches Bekenntnis
Aufl.	Auflage
bearb.	bearbeitet
Di	Dienstag
Do	Donnerstag
Fr	Freitag
H.B.	Helvetisches Bekenntnis
hl.	h/Heilige/r
Hrsg.	Herausgeber/in
IKG	Israelitische Kultusgemeinde Wien
insb.	insbesondere
Jhd.	Jahrhundert
Mi	Mittwoch
Mo	Montag
Nr.	Nummer
(röm.-)kath.	(römisch-)katholisch
Sa	Samstag
So	Sonntag (und Feiertag)
u.a.	und andere
tägl.	täglich(e)
vgl.	vergleiche

Schwerpunktmäßige Quellenhinweise

Adunka Evelyn: Die vierte Gemeinde, Philo Verlagsgesellschaft, Berlin-Wien, 2000.

Bandion Wolfgang J.: Steinerne Zeugen des Glaubens, Verlag Herold, Wien, 1989.

Brugger Eveline u.a.: Geschichte der Juden in Österreich, Verlag Carl Ueberreuter, Wien, 2013.

Bundesdenkmalamt: Dehio Wien, I. Bezirk – Innere Stadt, Verlag Berger, Horn-Wien, 2007; Dehio Wien, II. bis IX. und XX., Verlag Berger, Horn-Wien, 2. Aufl., 2014. Dehio Wien, X. bis XIX. und XXXI. bis XXIII. Bezirk, Verlag Berger Horn-Wien, 2017.

Bundeskanzleramt: Religionen in Österreich – Übersicht der in Österreich anerkannten Glaubensgemeinschaften, Wien, 2020.

Chorherr Thomas: Die katholische Kirche Österreichs, Verlag Carl Ueberreuter, Wien, 2006.

Ehrlich Anna: Heiden, Christen, Juden und Muslime, Amalthea Signum Verlag, Wien, 2009.

Eiwen Helmuth: Was ist eine Freikirche?, Ichthys Kreativwerkstatt, Wiener Neustadt, 2016.

Evangelische Kirche A.B., Diözese Wien: www.evang-wien.at.

Evangelische Kirche H.B. in Österreich: https://reformiertekirche.at.

Feurstein-Prasser Michaela, Milchram Gerhard: Jüdisches Wien, Mandelbaum Verlag, Wien-Berlin, 2016.

Freikirchen in Österreich: https://freikirchen.at/freikirchen/gemeinden/wien/.

Gastgeber Christian/Gschwandtner Franz: Die Ostkirchen in Wien, Verlag Styria, Wien, 2004.

Hinkelmann Frank: Kirchen, Freikirchen und christliche Gemeinschaften in Österreich, Böhlau Verlag, Wien-Köln-Weimar, 2016.

Israelitische Kultusgemeinde Wien: https://ikg-wien.at.

Katholische Kirche, Erzdiözese Wien: https://www.erzdioezese-wien.at.

Klusacek Christine/Stimmer Kurt: Leopoldstadt, Verlag Kurt Mohl, Wien, 1978.

König Josef/König Hans: Wien-Leopoldstadt, Sutton Verlag, Erfurt, 2003.

Konnert Wilfried: Landstraße, Verlag Kurt Wohl, Wien, 1980.

Kostelnik Oskar: Jüdische Spuren in Wien, Echomedia Buchverlag, Wien, 2018.

Kretschmer Helmut: Landstraße, Jugend und Volk, Wien, 2. Aufl., 1991.

Leeb Rudolf u.a.: Geschichte des Christentums in Österreich, Verlag Carl Ueberreuter, Wien, 2003.

Lehmann Karsten/Reiss Wolfram (Hrsg.): Religiöse Vielfalt in Österreich, Nomos Verlagsgesellschaft, Baden-Baden, 2022.
Lenzenweger Josef u.a. (Hrsg.): Geschichte der Katholischen Kirche, Verlag Styria, Graz-Wien-Köln, 3.Aufl., 1995.
Leitner Carola/Hamtil Kurt: Landstraße in alten Fotografien, Verlag Karl Ueberreuter, Wien, 2006.
Martens Bob/Peter Herbert: Die zerstörten Synagogen Wiens, Mandelbaum Verlag, Wien-Berlin, 2. Aufl., 2010.
Orthodoxe Kirche in Österreich: www.orthodoxe-kirche.at.
Pohanka Reinhard: Damals in der Leopoldstadt, Edition Wien, 1992.
Schomaker-Engelmann Martina (Hrsg.): So evangelisch ist Wien, Falter Verlag, Wien, 2016.
Spera Danielle: 100 x Österreich/Judentum, Amalthea Signum Verlag, Wien, 3. Aufl., 2021.
Vocelka Karl: Multikonfessionelles Österreich, Verlag Styria premium, Wien-Graz-Klagenfurt, 2013.
Vorderwinkler Franz R.: Kirchen, Klöster Pilgerwege in Österreich – Sakrales Kulturgut in Wien, Vereinigte Kirchen-Kulturbuch-Verlage, Haßloch, 2. Aufl., 1997.
Wien Geschichte Wiki: https://www.geschichtewiki.wien.gv.at/, auf der Grundlage von Czeike Felix (Hrsg.), Historisches Lexikon Wien, Verlag Kremayr & Scheriau, Wien, 1992–2004.
Zabrana Rudolf: Die Landstraße, Amalthea Signum Verlag, Wien, 2012.

Der Autor:

Wolfgang Catharin, geb. 1952, absolvierte das Studium der Rechtswissenschaften an der Universität Wien, lernte einige Fremdsprachen und arbeitete vier Jahrzehnte lang als Jurist in Wien.

Neben und nach seinem Berufsleben war es ihm ein Anliegen, immer wieder Gäste aus dem In- und dem Ausland in der Stadt zu begrüßen. Er begleitet sie ehrenamtlich im Rahmen von Freiwilligen-Organisationen und in kirchlichem Rahmen, um ihnen die eine oder andere Ecke Wiens vorzustellen und den persönlichen Austausch zu pflegen.

Der auf die christlichen und die jüdischen Spuren gerichtete Fokus entsprang dem christlichen Engagement, und dabei besonders dem Wunsch, dem Verständnis zwischen den christlichen Kirchen sowie dem Judentum gegenüber zu dienen.

Die Erfahrungen aus den vielen Stadtspaziergängen und den thematischen Rundgängen werden in diesem Buch als ein persönliches Resümee weitergegeben.